CW01665681

ANATOMIA NATURY

CIEKAWOSTKI ZE ŚWIATA PRZYRODY

JULIA ROTHMAN

Z POMOCĄ JOHNA NIEKRASZA

PRZEŁOŻYŁA
BARBARA BOCIAN

Tytuł oryginału: Nature Anatomy: The curious parts & pieces of the natural world

Text and illustrations copyright © 2015 by Julia Rothman
Originally published in the United States by Storey Publishing LLC

Polish edition copyright © 2018 by Wydawnictwo Entliczek
Polish translation copyright © 2018 by Barbara Bocian

Redakcja i korekta: Ewa Wilczyńska
Redakcja merytoryczna: Katarzyna Rygiel-Hałucha, Piotr Hałucha
Skład i przygotowanie do druku: Milena Leśniak
Druk i oprawa: Edica

Wydanie I
Warszawa 2018
ISBN: 978-83-63156-24-4

Wydawnictwo Entliczek
ul. Maszewska 33/14
01-925 Warszawa
www.entliczek.eu

Mojej siostrze Jess,
która przypomina mi,
że jest też świat
poza miastem

SPIS TREŚCI

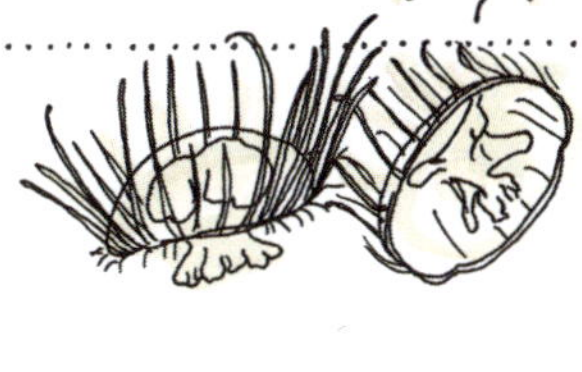

WSTĘP

Kilka lat temu, po tym jak skończyłam moją ostatnią książkę pt. „Anatomia farmy" i dowiedziałam się tylu niesamowitych rzeczy o wytwarzaniu i konserwowaniu jedzenia, rozpoznawaniu zwierząt oraz pracach w polu, mój apetyt na „zieloną" wiedzę wzrósł. Zapragnęłam kontynuować moją podróż mieszkanki miasta poznającej świat przyrody.

Wychowywałam się na City Island w nowojorskim Bronksie, przy ulicy, która, jak większość ulic na tej wyspie, kończyła się plażą. Zbieranie i porządkowanie muszli, przyglądanie się spodnim częściom skrzypłoczy oraz picie słonej wody stanowiły część mojego dzieciństwa, nawet mimo tego, że z drugiego brzegu biło światło słynnych drapaczy chmur. Razem z siostrą spędzałyśmy lato na obozach, wędrując po lesie na północy stanu Nowy Jork i śpiąc w namiocie wyposażone w ogromne ilości sprayów przeciw owadom, co miało uspokoić moją nadopiekuńczą mamę.

Jako dziecko naprawdę kochałam naturę i zawsze byłam gotowa na przygody na świeżym powietrzu, niezależnie od tego, czy były to rodzinne wakacje w Maine czy weekendowa wycieczka do domku letniskowego sąsiadów. Jednak z wiekiem w głębi duszy stałam się miejską dziewczyną. Swoje nastoletnie lata spędziłam na wymykaniu się do klubów w centrum miasta i przesiadywaniu na ulicach Lower East Side. To dziecko, które uwielbiało zbierać żywe owady i hodować kryształy (za namową mojego taty – nauczyciela przedmiotów przyrodniczych), zmieniło się w zbuntowaną nastolatkę, która do dżinsowych spódniczek zakładała pończochy w biało-czarną szachownicę i uganiała się za deskorolkarzami na Union Square.

Mimo że mieszkam w samym środku miasta – w Park Slope na Brooklynie, jestem oddzielona tylko kilkoma budynkami od wejścia do Prospect Park, do którego chodzę codziennie, przeważnie na przechadzki z psem lub żeby pobiegać. Przesadą byłoby nazywanie moich małych wypraw „spacerami przyrodniczymi", ale doceniam te codzienne chwile w otoczeniu zieleni. Możliwość poczucia zapachu trawy po przejeździe zatłoczonym jak puszka sardynek metrem utrzymuje mnie przy zdrowych zmysłach. Rozglądam się po parku, naprawdę chcąc wiedzieć więcej. Jak nazywa się to drzewo o pięknych liściach? Kiedy znów pojawią się te kwiaty, które widziałam w zeszłym roku? Czy to naprawdę nietoperze latają nad naszymi głowami? Jak śmiesznie wyglądają połączone w miłosnym uścisku ważki...

Moja ciekawość cały czas wzmaga się i tak powstał pomysł na tę książkę. Cieszę się, że ta praca wzbudziła we mnie nostalgię, dzięki czemu zaczynam doceniać rzeczy, które intrygowały mnie, gdy byłam dzieckiem.

Określenie tej książki „książką przyrodniczą" byłoby tym samym, co nazywanie moich spacerów „wyprawami przyrodniczymi". Niemożliwe jest zawarcie nawet małej części otaczającego nas ogromnego świata w nieważne jak wielkiej książce. Kiedy należy się zatrzymać? Ilość rzeczy, których można się nauczyć, jest nieskończona: od gwiazdozbiorów po jądro Ziemi. Myślę o tym projekcie jako o MOJEJ książce przyrodniczej. Są tu informacje, które mnie interesowały, rzeczy, które chciałam narysować i namalować. Mimo że jest to zaledwie wierzchołek góry lodowej, dało mi to możliwość zapoznania się z roślinami, zwierzętami, drzewami, owadami, opadami atmosferycznymi, rzeźbami terenu i akwenami, których nazwy chciałam znać, kiedy spotykałam je na swojej drodze.

Mój przyjaciel John był dla mnie zawsze ważnym przyrodniczym głosem - opowiada mi o tym, co gotuje z roślin ze swojego przepastnego ogrodu, jak uratował zaatakowane przez szkodniki drzewa owocowe z działki sąsiadów oraz jak znajduje składniki potraw na swoim podwórku. Z myślą o tym projekcie poprosiłam Johna, aby dosłownie został moim przewodnikiem i pokazał mi ciekawe rzeczy, których sama mogłabym nie znaleźć.

Kiedy spacerowaliśmy pewnego popołudnia po Prospect Park, John zebrał trochę liści i zachęcił mnie, żebym je zjadła. Niepokoiło mnie trochę, czy przypadkiem jakiś pies nie zostawił czegoś na roślinach, ale w końcu zaryzykowałam; żułam, a John śmiał się z mojej reakcji na smak. Przechadzaliśmy się po parku, zbierając, próbując i oceniając gorzkość, słodycz i fakturę wszystkich jadalnych rzeczy, które znajdowały się tuż przed naszymi nosami. Nie miałam pojęcia, że mogę zrobić taką kolorową sałatkę z produktów pochodzących z mojego brooklyńskiego parku. Jeśli ten kawałek zieleni mógł nam tyle dać, mogę sobie tylko wyobrażać, co moglibyśmy zebrać w prawdziwym głębokim lesie.

Ta książka nie byłaby taka, jaka jest, gdyby nie John, który był moim nauczycielem. Ja zaś byłam jego uczennicą. John napisał, zredagował i pomógł mi opracować pomysły do tego projektu, które następnie rozwinęłam. Mimo że to ja zdecydowałam o ostatecznym kształcie książki, na każdej stronie możecie znaleźć głos Johna.

„Anatomia natury" jest teraz gotowym dziełem, przedmiotem, który oboje możemy z dumą trzymać w dłoniach. Jednak nadal zamierzam rysować kwiaty i wyszukiwać spotykane w parku ptaki w moim przewodniku Sibleya do rozpoznawania gatunków. John nadal będzie mi opowiadał o planach na kolejny rok związanych z ogródkiem warzywnym oraz o wycieczkach, na które się udaje, aby obejrzeć jakieś zjawisko naturalne. Docenianie otaczającej nas przyrody, jakakolwiek ona jest, to dla nas projekt życia, a ta książka jest jedynie drobnym na to dowodem. Mam nadzieję, że jej lektura rozbudzi waszą ciekawość co do własnego otoczenia naturalnego, niezależnie od tego, czy są to malownicze pagórki czy donica z kwiatami na klatce schodowej.

Julia Rothman

Prospect Park

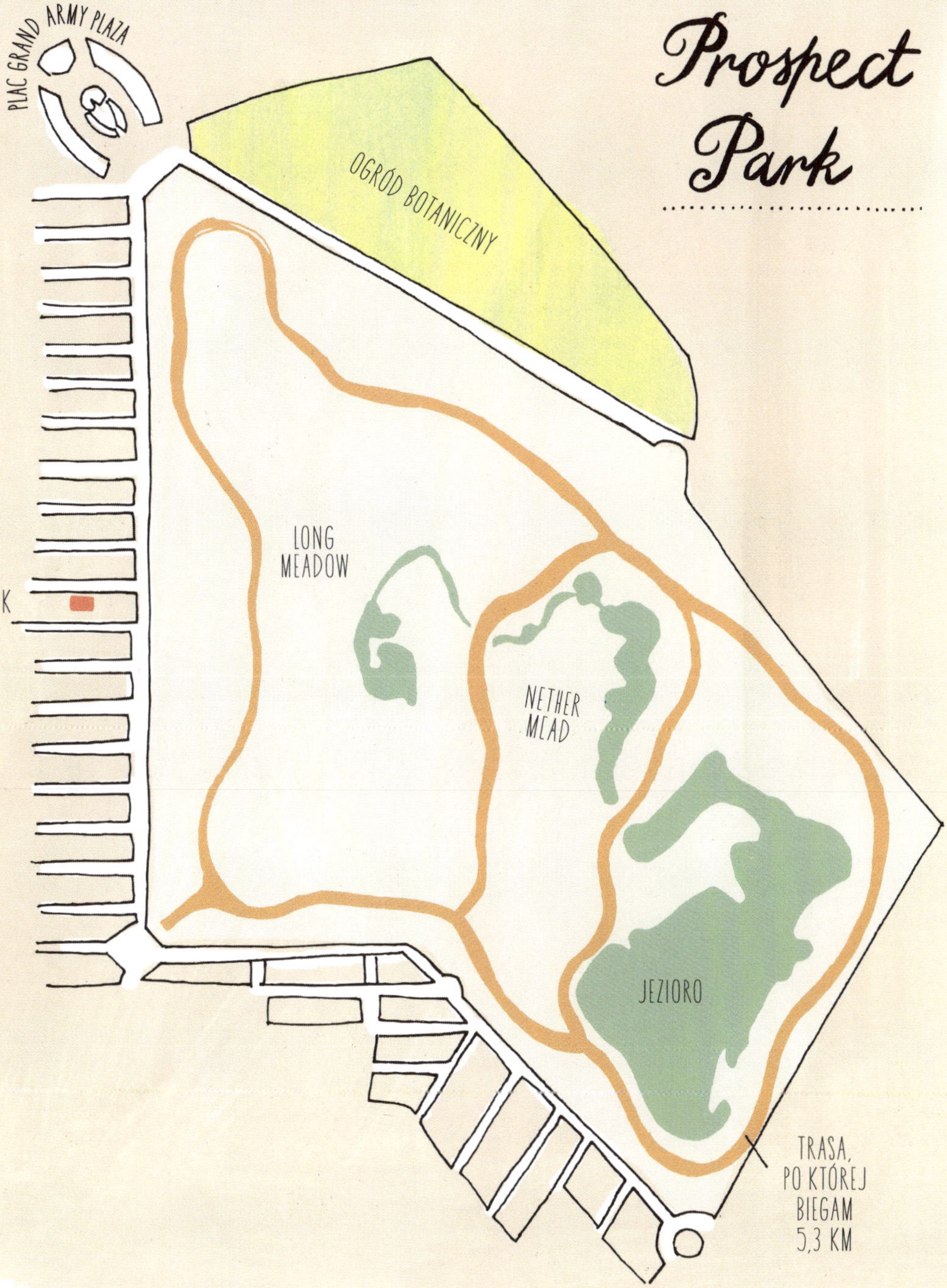

ROZDZIAŁ 1

Grunt pod nogami

W RUCHU

Nasza planeta Ziemia pędzi w Kosmosie z prędkością prawie 110 000 kilometrów na godzinę. W jej ogromnych oceanach i na powierzchni lądów żyje ponad 2,5 miliona gatunków żywych organizmów, włączając w to ponad 7 miliardów ludzi.

Na każdej półkuli lato jest cieplejsze niż zima, ponieważ dni są dłuższe, promienie słoneczne padają na Ziemię pod większym kątem, więc skuteczniej nagrzewają jej powierzchnię.

Ziemia obraca się wokół własnej osi z prędkością 1674 kilometrów na godzinę, wykonując jeden pełny obrót dziennie. Ziemia nie jest jednak ustawiona pionowo podczas obrotu. Zawsze jest nachylona pod kątem około 23 stopni.

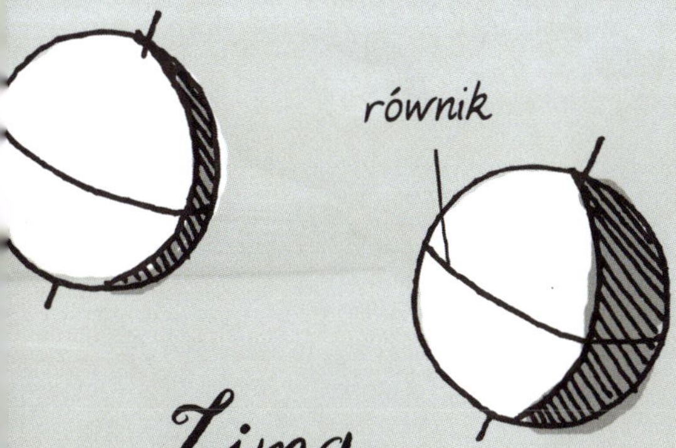

Zima

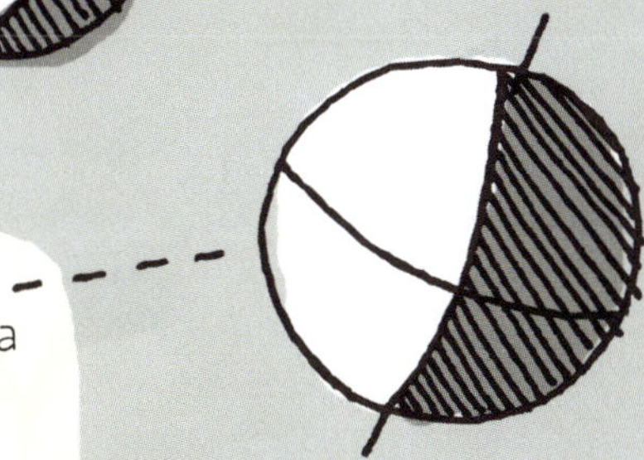

Różnice między czterema porami roku – wiosną, latem, jesienią i zimą – są wynikiem niewielkiego nachylenia osi ziemskiej. To nachylenie powoduje, że na każdą półkulę promienie słoneczne padają pod większym kątem w innym czasie w ciągu roku.

Jesień

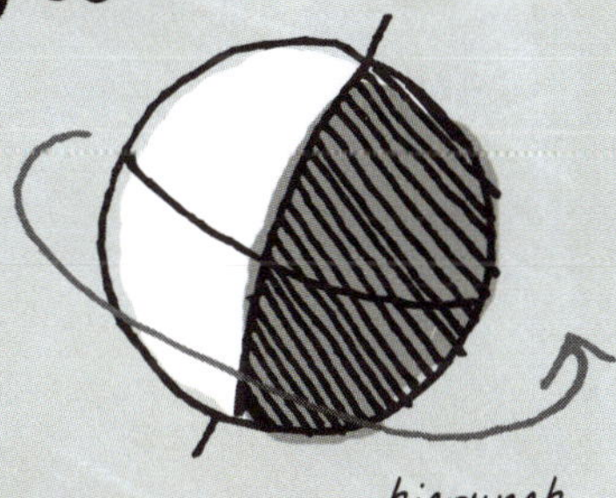

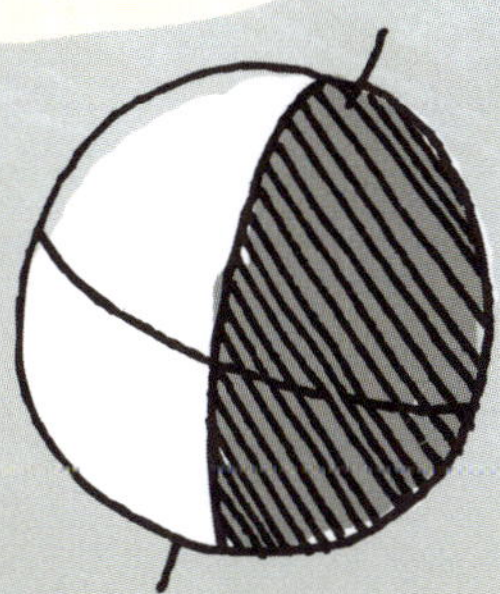

Każdego roku Ziemia wykonuje jedno okrążenie wokół Słońca. Orbita, po której się porusza, ma około 940 milionów kilometrów i jest prawie okrągła.

W czasie równonocy liczba godzin światła słonecznego i ciemności jest mniej więcej równa.

Warstwy Ziemi

Planeta Ziemia powstała 4,54 miliarda lat temu. Większość naszej wiedzy na temat struktury Ziemi pochodzi z badań fal sejsmicznych, które przechodzą przez planetę podczas trzęsienia ziemi. Ziemia jest podzielona na warstwy, a każda z warstw ma swoje wyjątkowe właściwości.

SKORUPA

Grubość skorupy ziemskiej waha się od 5 do 70 kilometrów; najgrubsza jest w miejscach, w których znajdują się powierzchnie lądów, a najcieńsza na dnie oceanów. Skorupa ziemska stanowi mniej niż 1% całkowitej objętości planety.

PŁASZCZ

Ta warstwa, złożona z krzemianów bogatych w żelazo i magnez, jest tak gorąca (między 500 a 4000°C), że powoli płynie, powodując trzęsienia ziemi, gdy płyty tektoniczne przesuwają się na jej powierzchni. Płaszcz stanowi 84% objętości Ziemi.

ZEWNĘTRZNE + WEWNĘTRZNE JĄDRO

Jądro składa się z dwóch części: jądro zewnętrzne to przede wszystkim stopione żelazo. Na jądro wewnętrzne – będące stopem żelaza i niklu – jest wywierane tak duże ciśnienie, że pozostaje ono ciałem stałym, mimo że panuje tam temperatura wyższa niż na powierzchni Słońca.

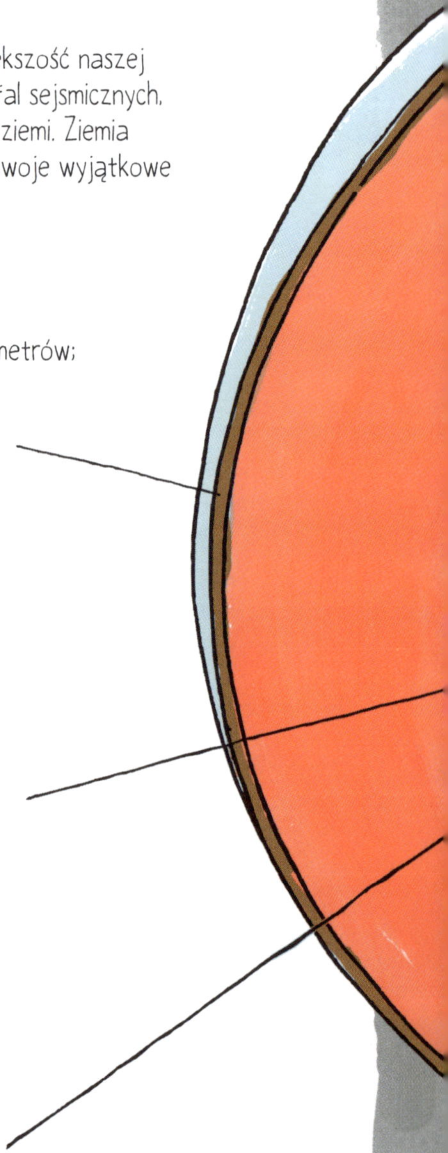

Minerały

Minerały to naturalnie występujące ciała stałe składające się z substancji nieorganicznych. Istnieje ponad 4000 poznanych minerałów, a co roku są odkrywane nowe.

RODOCHROZYT

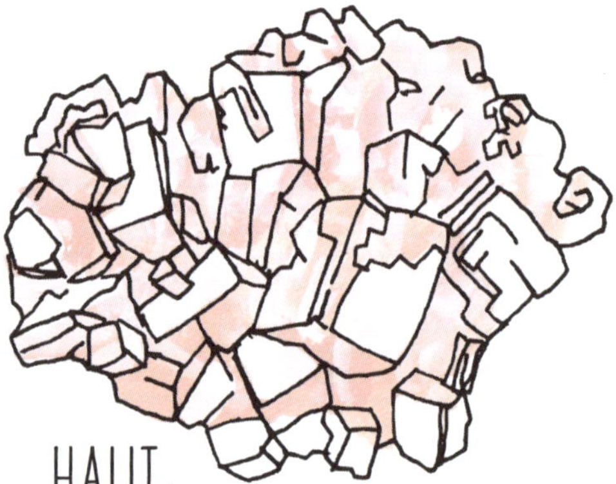

HALIT

TURKUS

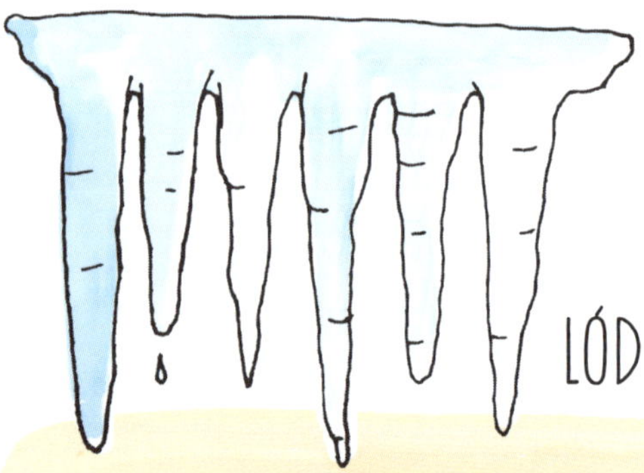

LÓD

Woda w stanie ciekłym nie jest minerałem, ale naturalnie powstały lód jest jednym z najbardziej rozpowszechnionych minerałów na Ziemi.

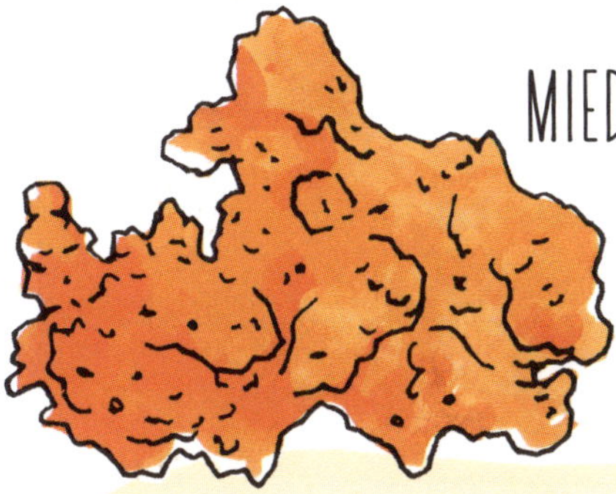

MIEDŹ

GIPSOWA RÓŻA PUSTYNI

Minerały powstają w wyniku krystalizacji przez:

- odparowanie roztworu (np. słonej wody, z której po odparowaniu zostaje sól)
- stygnięcie (naturalne zamarzanie wody, krzepnięcie magmy)
- zmianę ciśnienia i temperatury otoczenia (często występuje w uskokach i innych strefach aktywnych sejsmicznie)

JEREMEJEWIT

HEMATYT

KWARC

AZURMALACHIT

Cykl skalny

Różne rodzaje skał podlegają długotrwałym, intensywnym przemianom.

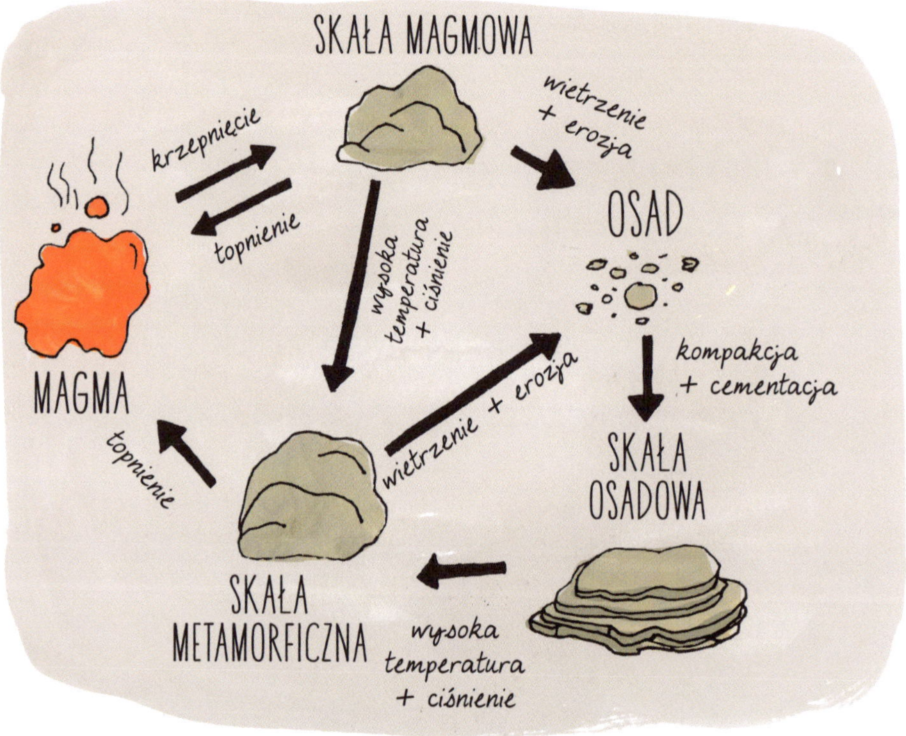

Skały są tworzone lub niszczone przez siły natury: wysoką temperaturę, ciśnienie, tarcie i wietrzenie.

W zależności od tego, w jaki sposób powstały, skały dzielimy na:

Magmowe

Magma to stopiona skała znajdująca się pod powierzchnią ziemi. Kiedy magma stygnie i krzepnie, na powierzchni ziemi lub tuż pod nią tworzy się skała magmowa.

Osadowe

Przez tysiące lat okruchy mineralne osiadają, tworząc warstwy. Masa wody oraz górne warstwy osadu naciskają i cementują minerały, tworząc skałę osadową.

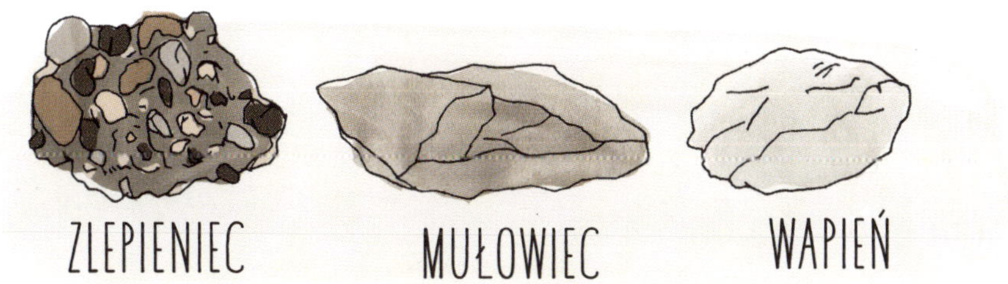

Metamorficzne

Kiedy skały osadowe lub magmowe zostaną poddane ogromnemu ciśnieniu i bardzo wysokiej temperaturze, ich struktura mineralna przeobraża się, dając w efekcie skałę metamorficzną.

Skamieniałości

Szanse na to, że martwy organizm zostanie zachowany w postaci skamieniałości, są bardzo małe. Aby powstała skamieniałość, organizm musi zostać przykryty warstwą osadu w niedługim czasie po śmierci. Następnie wysoko zmineralizowana woda wnika w małe pory i otwory organizmu. Z czasem, pod wpływem ciśnienia, minerały z wody zostają włączone w strukturę organizmu, który się utwardza, tworząc trójwymiarową skamieniałość.

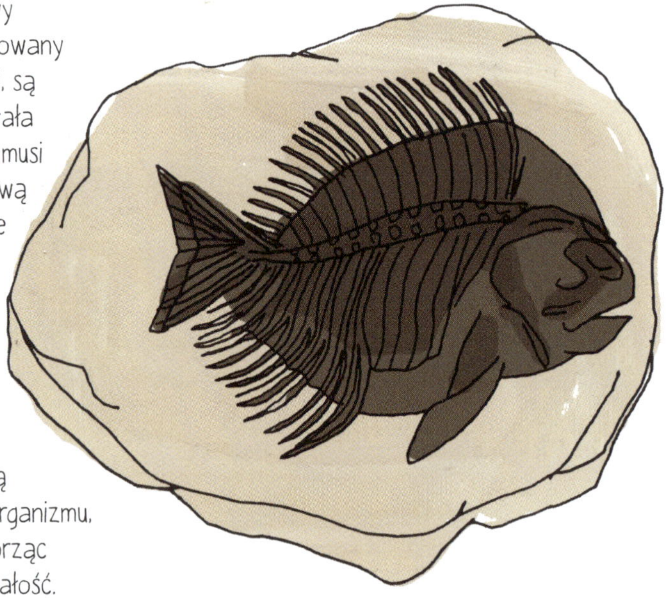

Okoń z formacji Green River w południowo-zachodnim Wyoming

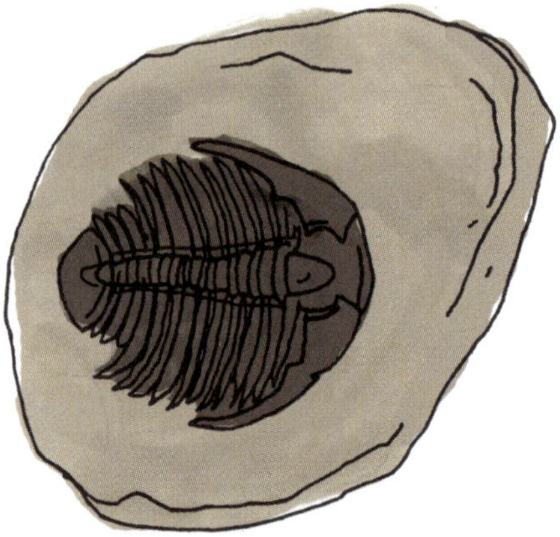

Trylobit z formacji Marjum w hrabstwie Millard w Utah

Nie wszystkie części organizmu ulegają skamienieniu. Miękkie części, takie jak skóra i narządy wewnętrzne, przed skamienieniem często ulegają rozkładowi.

Mikroskamieniałości

Skamieniałości wystawiane w muzeum to makroskamieniałości, czyli skamieniałości większe niż 1 milimetr, które są widoczne gołym okiem. Znacznie bardziej liczne są mikroskamieniałości, będące malutkimi zachowanymi fragmentami bakterii, okrzemek, grzybów, protistów, skorupek lub szkieletów bezkręgowców i pyłków, a także fragmentami kości i zębów kręgowców. Mikroskamieniałości występują zazwyczaj w dużych ilościach we wszystkich typach skał osadowych.

Piramidy egipskie zostały zbudowane ze skał osadowych, w których skład wchodzą pancerzyki otwornic, będące główną grupą mikroskamieniałości.

[POWIĘKSZONE MILIONY RAZY!]

FORMY UKSZTAŁTOWANIA TERENU

Kanion

Głęboka dolina rzeczna o bardzo stromych zboczach, wyżłobiona przez rzekę w długotrwałym procesie.

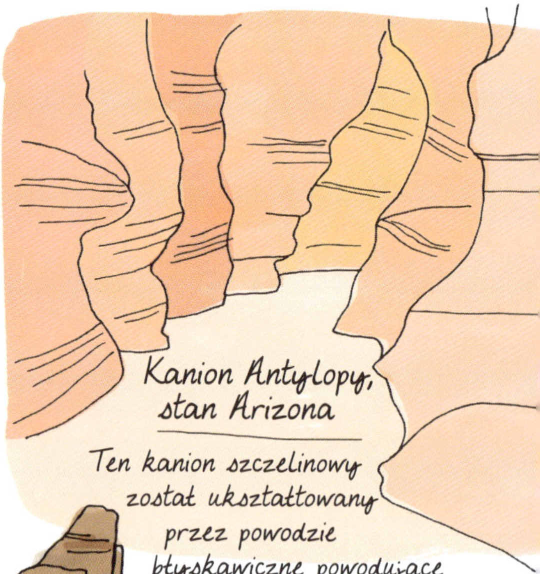

Kanion Antylopy, stan Arizona

Ten kanion szczelinowy został ukształtowany przez powodzie błyskawiczne powodujące erozję piaskowca Nawaho.

Nine Mile Canyon, stan Utah

Na zboczu klifu kanionu można dostrzec pradawne petroglify[2].

Wielki Kanion, stan Arizona

Kanion ma 446 kilometrów długości, 29 kilometrów szerokości i ponad 1,5 kilometra głębokości.

Katarakta

Duży i potężny wodospad.

Wodospad Yosemite, stan Kalifornia

To najwyższy wodospad w Ameryce Północnej.

Wodospad Niagara, na granicy prowincji Ontario w Kanadzie i stanu Nowy Jork

Ma największe natężenie przepływu ze wszystkich wodospadów na świecie.

Delta

Nizinna, trójkątna formacja tworząca ujście rzeki, gdzie nanoszone są: muł, piasek i drobne kamienie; rzeka w tym miejscu wpada do większego akwenu.

Stożek napływowy

Formacja o wachlarzowatym kształcie, utworzona dzięki dużym ilościom osadów naniesionych przez rzeki i strumienie, przeważnie w miejscu ujścia kanionu u podnóża gór, gdzie na wypłaszczeniu terenu następuje jego rozgałęzienie.

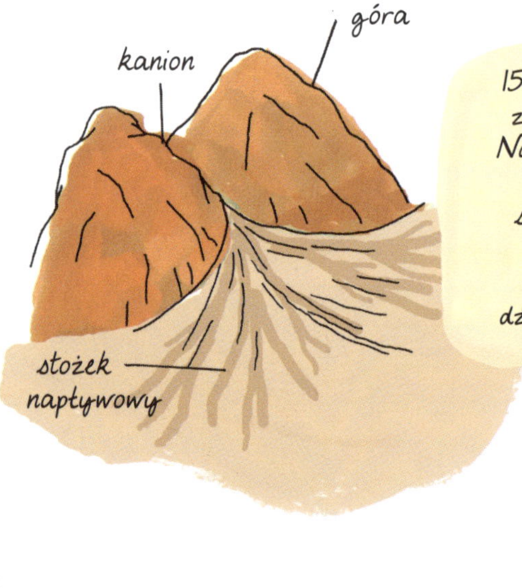

15 czerwca 1982 r. została przerwana zapora wodna Lawn Lake w Parku Narodowym Gór Skalistych w stanie Kolorado. 850 tysięcy metrów sześciennych wody przeniosło tony odłamków skalnych do stożka napływowego, który po kilku dziesięcioleciach nadal jest widoczny.

Archipelag

Grupa lub łańcuch wysp na morzu lub oceanie.

Przesmyk

Wąski pas lądu łączący dwa duże obszary lądowe oddzielone akwenem.

Grań

Ostry, skalisty grzbiet górski pozostały między dwoma ścieżkami erozji dwóch równoległych lodowców.

Przełęcz

Najniższy punkt na grzbiecie górskim między dwoma szczytami, nazywany także wrotami, szczerbą lub siodłem.

Płaskowyż

Duży obszar o płaskiej powierzchni znajdujący się wyżej od otaczającego go terenu.

Stoliwo górskie

Mniejszy od płaskowyżu, wysoko położony jałowy obszar o płaskim szczycie i przeważnie stromych zboczach.

Ostaniec

Jeszcze mniejszy obszar wyniesionego terenu o stromych zboczach. Większość ostańców była wcześniej większymi stoliwami.

GÓRY

Formowanie gór w wyniku ruchów tektonicznych to długotrwały proces, podczas którego duże fragmenty skorupy ziemskiej przemieszczają się, zderzają, fałdują i ślizgają. Dzięki różnym strefom klimatycznym, wysokościom i nachyleniom góry są domem dla unikatowej flory i fauny.

Wyróżniamy trzy podstawowe rodzaje gór: fałdowe, zrębowe i wulkaniczne.

Góry fałdowe

Kiedy płyty tektoniczne zderzają się lub nasuwają na siebie, skorupa ziemska fałduje się i wypiętrza. Większość pasm Appalachów i Gór Skalistych jest efektem tego rodzaju ruchu górotwórczego.

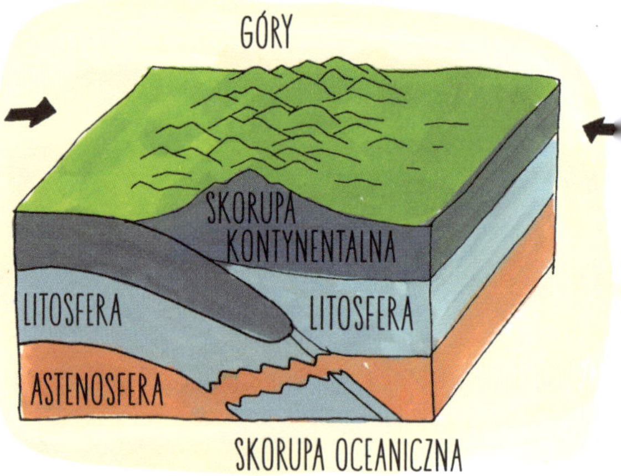

Góry zrębowe

Góry zrębowe lub załomowe cechują się ogromnymi urwistymi ścianami skalnymi, jak te w kalifornijskim paśmie górskim Sierra Nevada. Powstają, kiedy siły tektoniczne powodują pękanie wielkich mas skalnych. Ta linia spękania jest nazywana uskokiem. Skały podnoszą się po jednej stronie uskoku i opadają po drugiej, tworząc spektakularne urwiska.

Góry wulkaniczne

Góry wulkaniczne powstają, gdy dwie płyty tektoniczne podsuwają się pod siebie lub rozsuwają się, zamiast przesuwać się względem siebie. Magma z nich wypływająca często pochodzi z materiału tworzącego skorupę ziemską, który topi się, kiedy jest spychany pod napierającą płytę tektoniczną do gorącego płaszcza.

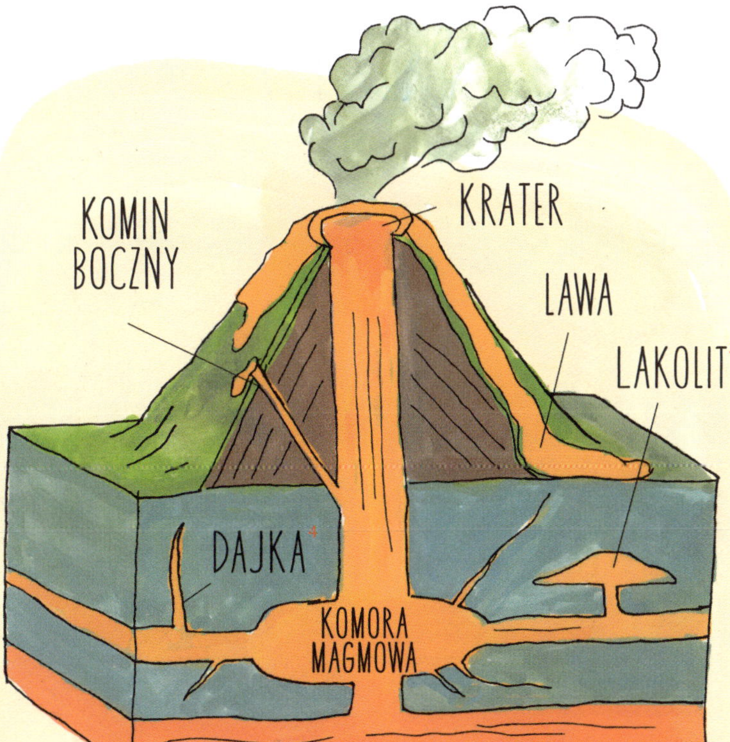

Istnieje około 1500 wulkanów, o których wiemy, że były aktywne w ciągu ostatnich 10 000 lat.

KRAJOBRAZY AMERYKI PÓŁNOCNEJ

Pustynie

Mimo że na pustyniach opady wynoszą przeważnie mniej niż 250 milimetrów rocznie, na tych surowych, suchych obszarach często tętni życie.

Zwierzęta pustynne unikają wysuszającego dziennego upału, śpiąc w cieniu lub wykopując jamy w ziemi. Niektóre nawet w bardzo suchych okresach pozostają w stanie uśpienia.

Rośliny pustynne mogą długo magazynować wodę i często są wyposażone w ochronne kolce lub igły, dzięki czemu trzymają spragnione zwierzęta na dystans. Niektóre gatunki kiełkują i kwitną jakby w przyspieszeniu, przeżywając całe swoje życie w czasie kilku krótkich tygodni następujących po rzadkich opadach deszczu.

Step

Duża, otwarta, pozbawiona drzew przestrzeń zdominowana przez trawy, turzyce, sitowie; występuje naturalnie w większości regionów świata. Stepy mają jeden z najgłębszych poziomów próchnicznych ze wszystkich obszarów. Żyzna gleba na niezmienionych obszarach stepowych może sięgać aż 6 metrów głębokości.

Wybrzeże skaliste

Wzdłuż urwistych linii brzegowych zatok, wysp i cyplów ocean rzeźbi w skalnych klifach łuki i jaskinie. Wysoko nad powierzchnią ptaki morskie zakładają gniazda na odizolowanych urwiskach, skarlałe od wiatru rośliny iglaste przylegają do skał, a niebiesko-zielone algi i porosty żyją pośród fal oceanu. Na obszarach, które przez część dnia znajdują się pod wodą, świetnie radzą sobie brunatne morszczyny i małże. Czareczki, wąsonogi i listownicowce znajdziemy zarówno przy samej powierzchni, jak i w głębszych rejonach oceanu.

Wybrzeże piaszczyste

Tam, gdzie ląd spotyka się z otwartym morzem lub oceanem, niekończące się uderzenia fal kruszą skały i muszle na drobny piasek. Wiatr i fale bezustannie poruszają i zmieniają kształt linii brzegowej. Odporne na zasolenie trawy wydmowe, sitowia, wrzosy i róże zapobiegają przesuwaniu się wydm i piaszczystego wybrzeża.

Wilgotny las przybrzeżny

Duże paprocie, grube dywany mchu oraz masywne drzewa nadają wilgotnym lasom przybrzeżnym wygląd prastarej krainy. Deszcz i mgła zapewniają stałą wilgotność, a łagodny klimat oceaniczny umożliwia roślinom osiągnięcie ogromnych rozmiarów, ponieważ mogą rosnąć przez większą część roku.

Bagna

Na tych zalesionych terenach podmokłych często żyją różnorodne gatunki ptaków. Wiele płazów, ryb i ssaków także świetnie czuje się w tym bujnym środowisku. Rzęsa i lilie wodne rozciągają się na powierzchni stojącej wody. W ciepłych południowych bagnach można zobaczyć wygrzewające się aligatory, żółwie i jadowite mokasyny błotne.

Torfowisko

Większość torfowisk w ciągu wielu lat przekształca się z obszarów otwartych zbiorników wodnych w obszary leśne.

Torfowiec to rodzaj mchu występującego na mokradłach Północy, który umożliwia powstawanie wyjątkowych siedlisk, zwanych torfowiskami, w depresjach polodowcowych. Mchy rozkładają się bardzo wolno, co prowadzi do akumulacji torfu. W chłodnym mikroklimacie torfowisk możemy się natknąć na turzyce, storczyki, rozmaryn leśny, a nawet rośliny mięsożerne. W mokradłach jest mniej tlenu, a torf zakwasza otoczenie, dlatego ryby i inne organizmy wodne są na ogół rzadkością.

Odchody moczarników są jasnozielone!

Sukcesja roślinności

Jeżeli obszar, który wcześniej był użytkowany rolniczo lub na którym była prowadzona wycinka drzew, pozostawimy bez ingerencji, powróci on powoli do swojego naturalnego stanu. Sukcesja to proces, w którym pole przemienia się w obszar zadrzewiony.

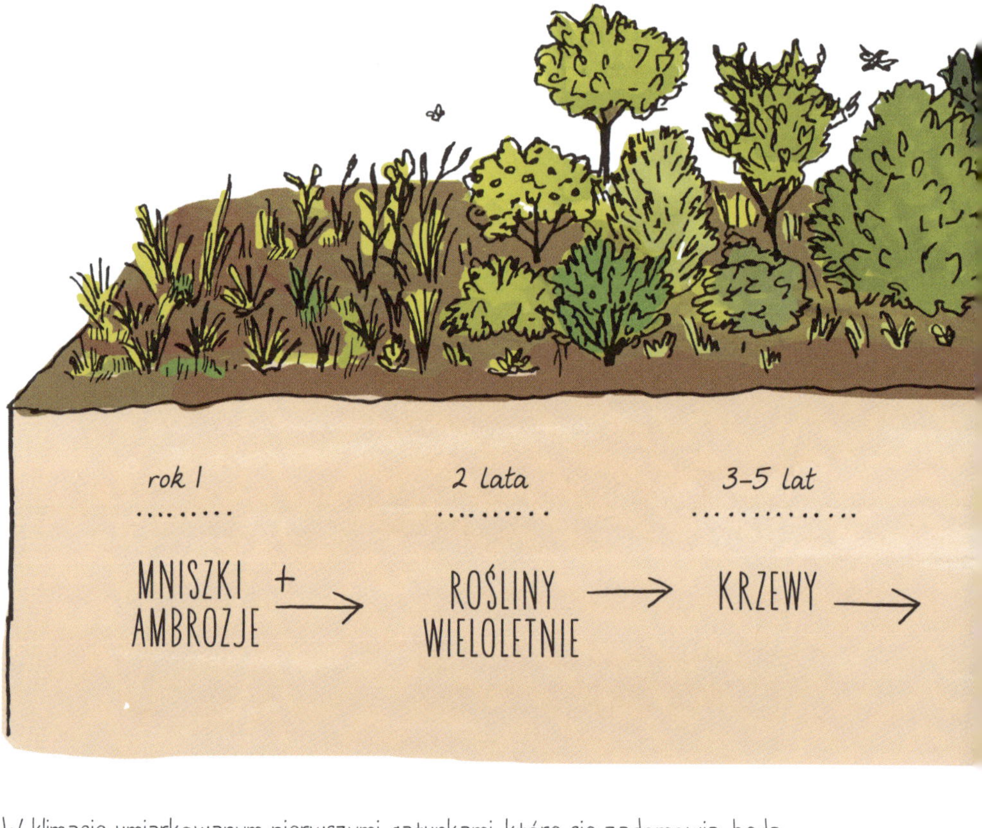

W klimacie umiarkowanym pierwszymi gatunkami, które się zadomowią, będą wytrzymałe, tolerujące duże nasłonecznienie rośliny, jak mniszki, ambrozje i komosy. Stopniowo obszar przejmują takie gatunki, jak osty, marchew zwyczajna i trojeście.

Z czasem, gdy roślinność staje się bardziej dojrzała, przyciąga zwierzęta i owady poszukujące schronienia i pożywienia. Zaczynają pojawiać się świstaki amerykańskie, królaki, lisy i jelenie, a także motyle, wróble, wojaki i przepiórki. Ptaki i wiewiórki rozsiewają nasiona takich drzew, jak czeremcha późna, dąb, morwa i sumak odurzający.

Swobodny szkic krajobrazu

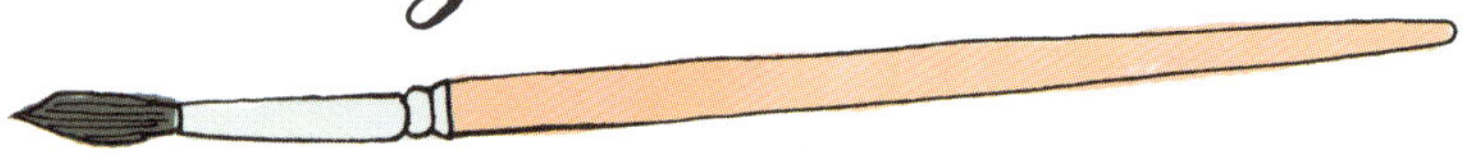

NARZĘDZIA

- Dowolna technika: akwarela, gwasz (moja ulubiona – malowałam nią tę książkę), kredki świecowe, kredki ołówkowe
- Gruby papier lub małe płótno
- Średni lub duży pędzel

INSTRUKCJA

Znajdź ciekawy krajobraz i usiądź w cichym, wygodnym miejscu z dobrym widokiem na wybraną scenerię. Przymruż oczy, aby zobaczyć otoczenie niewyraźnie. Spójrz na krajobraz jak na kolorowe plamy bez żadnych dokładniejszych szczegółów.

Naszkicuj kolory szerokimi pociągnięciami pędzla. Rozważ użycie barw, które się dopełniają, nawet jeśli nie są najwierniejsze. Dodawaj kolorowe kształty, aż do całkowitego zapełnienia powierzchni. Staraj się cały obraz pokryć farbą. Jeśli chcesz mieć biel, namaluj ją, zamiast zostawiać białą kartkę.

RADY

Trzymaj pędzel bliżej końcówki trzonka niż włosia, dzięki temu będzie poruszał się swobodniej w twojej dłoni i trudniej będzie go kontrolować. Wykonaj dużo obrazów przedstawiających tę samą scenę, nieznacznie zmieniając kolory, żeby zobaczyć, jak bardzo zmieni się obraz.

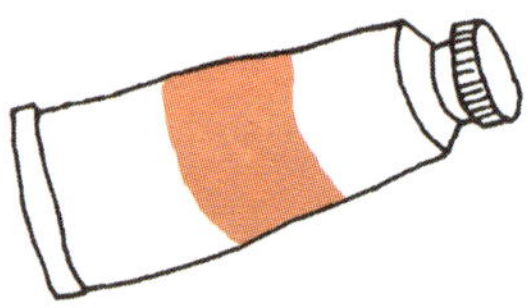

ROZDZIAŁ 2

Głowa do góry!

ATMOSFERA

Atmosfera obejmuje wszystkie warstwy gazowe otaczające Ziemię.

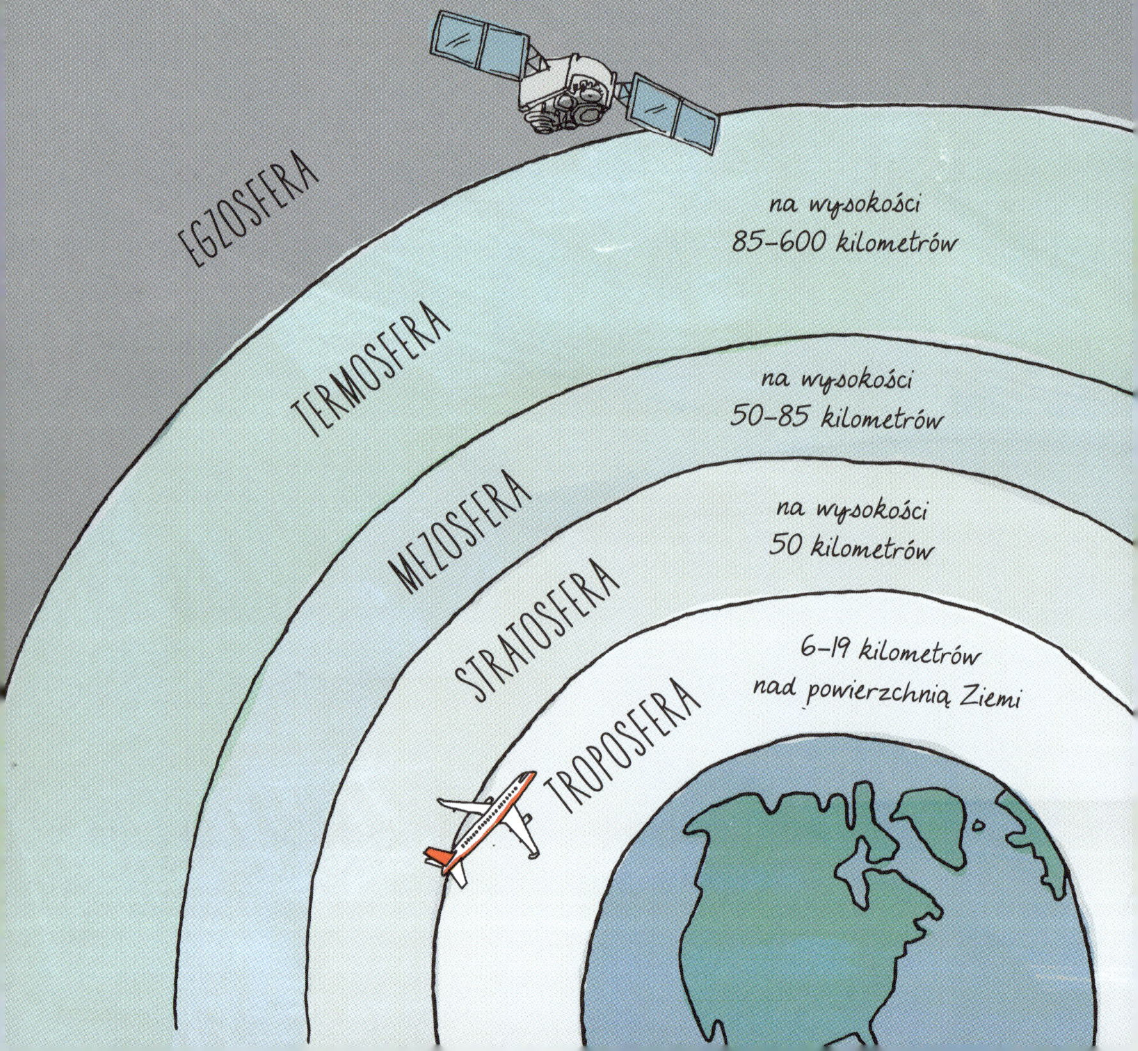

TROPOSFERA to najniższy poziom atmosfery, zachodzą w niej prawie wszystkie zjawiska pogodowe. Troposfera zaczyna się na powierzchni Ziemi i rozciąga się od 6 do 19 kilometrów wzwyż.

W STRATOSFERZE znajduje się 19% gazów atmosferycznych, ale bardzo mało pary wodnej.

Kiedy gazy, włączając w to cząsteczki tlenu, wchodzą w MEZOSFERĘ, stają się coraz bardziej rozrzedzone.

TERMOSFERA – cząsteczki tej warstwy pochłaniają słoneczne promieniowanie ultrafioletowe i rentgenowskie, co powoduje wzrost jej temperatury.

W EGZOSFERZE atomy i cząsteczki są uwalniane do przestrzeni kosmicznej, a satelity orbitują wokół Ziemi.

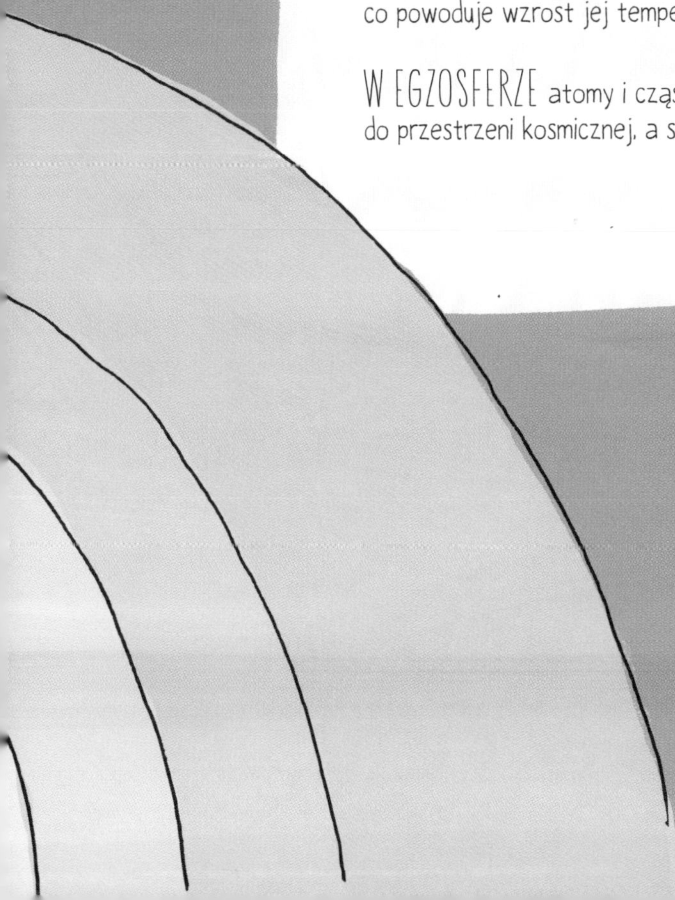

Przewidywanie pogody

Oto kilka sposobów przewidywania pogody, dzięki którym ulewa nie złapie nas znienacka podczas wycieczki:

RODZAJE CHMUR

Pewne rodzaje chmur są dobrymi wskaźnikami nadchodzących opadów lub ulewy.

PORANNA ROSA NA TRAWIE

Obfita rosa oznacza, że nie ma silnych wiatrów, które by ją osuszały. To przeważnie zapowiedź dobrej pogody.

ZACHOWANIE PTAKÓW

Ptaki (np. jaskółki) latają niżej nad ziemią, kiedy zbliża się deszcz – jest to spowodowane zmianą aktywności owadów, na które polują.

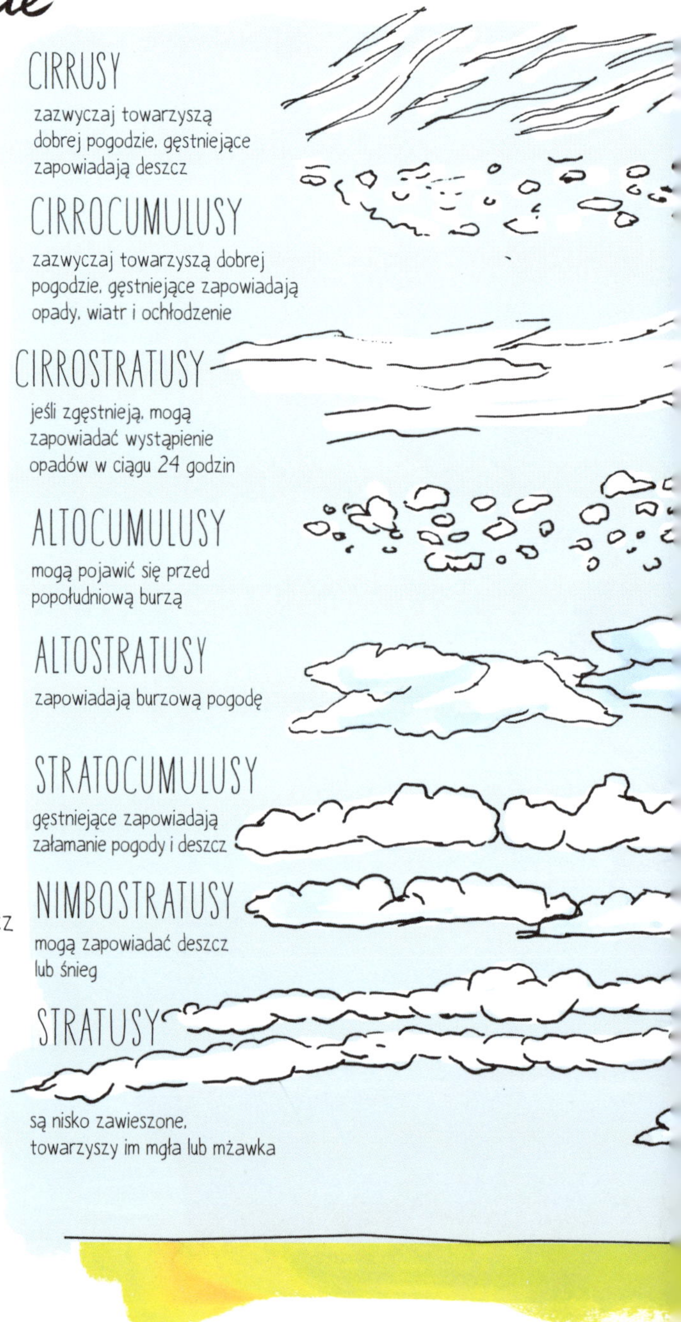

CUMULONIMBUSY
chmury burzowe, zapowiadają intensywne opady atmosferyczne: deszcz, śnieg, a nawet grad
7,5
6
KILOMETRY
4,5
3
1,5
CUMULUSY
zapowiadają dobrą pogodę

Obieg wody

W świecie przyrody woda bezustannie się przemieszcza i zmienia swoją formę. Podróżuje ze strumieni do rzek i oceanów, z jezior i oceanów do atmosfery, a z atmosfery z powrotem na ziemię. Ten cykl powoli oczyszcza wodę i zasila ziemię w świeżą wodę.

Mgła vs. zamglenie

Mgła to chmury warstwowe przypominające stratusy, ale zlokalizowane bliżej powierzchni ziemi. Natomiast zamglenie powstaje dzięki malutkim kropelkom wody zawieszonym w powietrzu. Oba zjawiska mogą powstawać, kiedy między powietrzem a powierzchnią ziemi występuje znacząca różnica temperatur. Akweny lub wilgotna ziemia w bezpośrednim otoczeniu dostarczają parę wodną, która zamienia się w zamglenie lub mgłę.

Główna różnica polega na tym, że mgła ogranicza widoczność poniżej jednego kilometra; przy zamgleniu widoczność jest większa.

Burza z piorunami

Burze powstają, kiedy masy bardzo zimnego i bardzo ciepłego powietrza zderzają się ze sobą. Kiedy ciepłe powietrze się podnosi, ciśnienie powietrza przy powierzchni spada, tworząc efekt próżni. Następuje nagły przypływ zimnego powietrza, które w gwałtowny sposób wypycha jeszcze więcej ciepłego powietrza do góry, co może doprowadzić do powstania silnych wiatrów, deszczu i gradu.

Piorun

Powietrze jest wypełnione jonami (atomami lub cząsteczkami naładowanymi elektrycznie). W chmurze burzowej jony naładowane dodatnio są zgrupowane bliżej górnej warstwy chmury, a jony naładowane ujemnie – bliżej podstawy. Kiedy różnica potencjałów jest wystarczająco duża, tworzy się piorun, który ją równoważy. Piorun może połączyć górną część chmury z jej podstawą lub uderzyć z chmury w ziemię. Grzmoty to fale dźwiękowe, które zwykle towarzyszą piorunom.

Tornado

Zderzenie się ze sobą gorącego i zimnego powietrza może doprowadzić do powstania gigantycznych, wirujących burz nazywanych superkomórkami burzowymi. Tornado to gwałtownie wirujący słup powietrza, rozciągający się od superkomórki burzowej cumulonimbusa do powierzchni ziemi.

Tornada są klasyfikowane według ulepszonej skali Fujity od EF0 do EF5 w zależności od szybkości wiatru oraz ich destrukcyjnej siły.

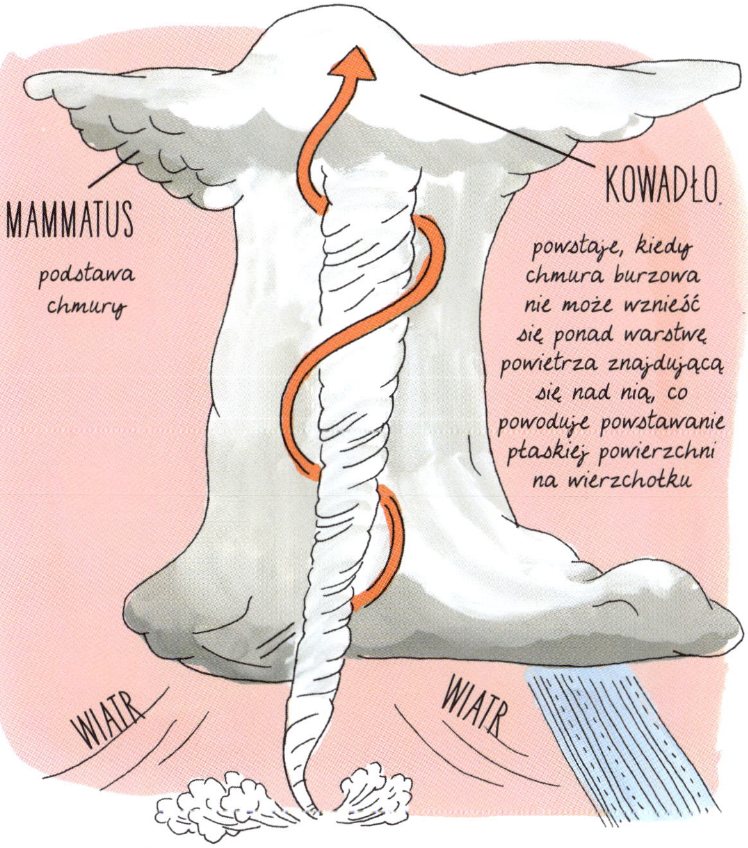

Aleja Tornad w środkowej części Stanów Zjednoczonych jest miejscem o największej częstotliwości występowania tornad na świecie.

DLACZEGO KAŻDY

PŁATEK ŚNIEGU

JEST INNY?

Kształt płatka śniegu jest zależny od temperatury i wilgotności. Przy niskich temperaturach wewnątrz chmury para wodna krystalizuje bezpośrednio w twardy lód w procesie zwanym resublimacją. Te małe kryształki lodu rosną do momentu, aż będą wystarczająco ciężkie, żeby spaść z chmury w postaci płatków śniegu.

Kiedy kryształy rosną, cząsteczki nie układają się z idealną regularnością. Każdy spadający płatek śniegu przemierza inną drogę przez różne mikroklimaty, czego efektem są kryształowe konstrukcje o różnorodnych kształtach.

SŁUPEK WIEŃCOWATY

ROZETA

KLASTER IGIEŁ

WYDRĄŻONE SŁUPKI

RÓŻNE KSZTAŁTY PŁATKÓW ŚNIEGU

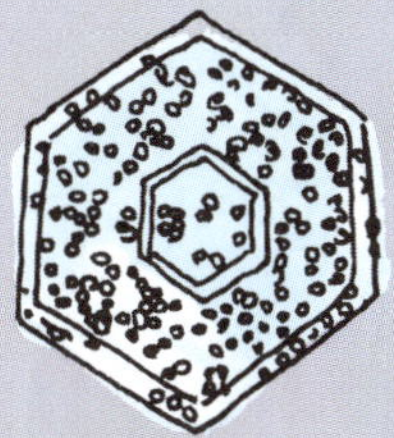

KRYSZTAŁ Z OBWÓDKĄ

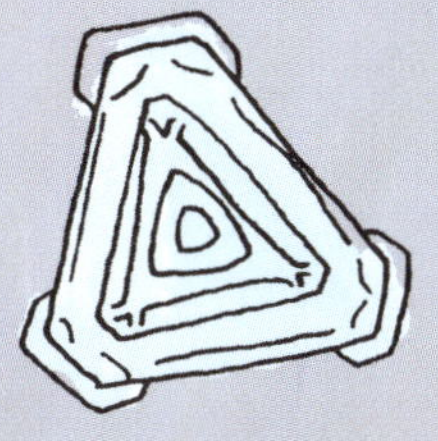

FORMA TRÓJKĄTNA

GROT

ZWYKŁY SZEŚCIOKĄT

KRYSZTAŁ GWIAŹDZISTY

KRYSZTAŁ DRZEWIASTY

PŁATEK DWUNASTORAMIENNY

KRYSZTAŁ PAPROCIOKSZTAŁTNY

TĘCZA

Dobrze znany, wielokolorowy łuk tęczy jest jednym z najbardziej efektownych zjawisk naturalnych. Tęcze tworzą się dzięki rozszczepieniu i odbijaniu się światła w malutkich kropelkach wody zawieszonych w powietrzu. Światło słoneczne może wydawać się białe lub żółte, ale tak naprawdę składa się z wielu kolorów.

Tęcza zawsze pojawia się dokładnie naprzeciwko słońca, ale położenie obserwującego wyznacza jej pozorne umiejscowienie.

Na czarno-
-białych zdjęciach
tęczy nie widać
pasm, a jedynie
równomierne
stopniowanie światła.
Pojawienie się
oddzielnych
kolorowych pasm
jest jedynie wynikiem
tego, jak działa
widzenie barw
u człowieka.

ZACHODY SŁOŃCA

Światło widzialne jest złożone z fal o różnych długościach odpowiadających różnym kolorom. Kiedy światło słoneczne pada na cząsteczki w atmosferze (takie jak cząsteczki wody i powietrza, kurz, pyłki lub zanieczyszczenia), poszczególne długości fal ulegają załamaniu i rozszczepieniu w różnym stopniu.

Ponieważ podczas zachodu Słońca promienie słoneczne padają na Ziemię pod mniejszym kątem, światło musi przebić się przez więcej cząsteczek znajdujących się w atmosferze, przez co bardziej się rozprasza. Niebieskie i zielone składowe światła zostają w większości odfiltrowane, a pozostają fale o większej długości odpowiadające kolorom pomarańczowemu i czerwonemu.

Kolory zachodzącego Słońca często są bardziej spektakularne niż kolory wschodzącego Słońca, ponieważ wieczorne powietrze jest cieplejsze i jest w nim zawieszonych więcej cząstek niż w porannym powietrzu.

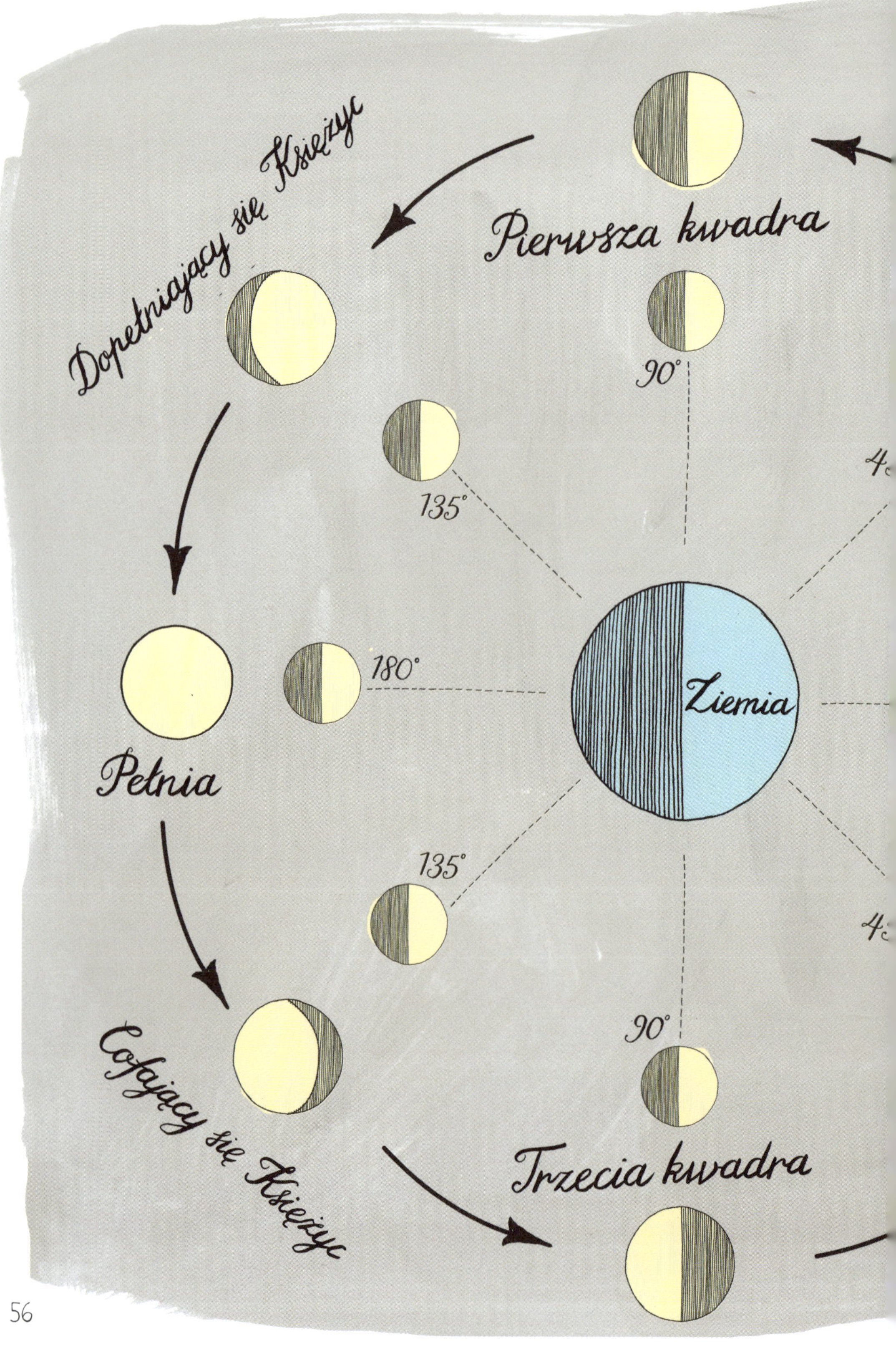
Pierwsza kwadra
Dopełniający się Księżyc
90°
135°
180°
Ziemia
Pełnia
135°
90°
Cofający się Księżyc
Trzecia kwadra

Fazy Księżyca

GWIAZDOZBIORY

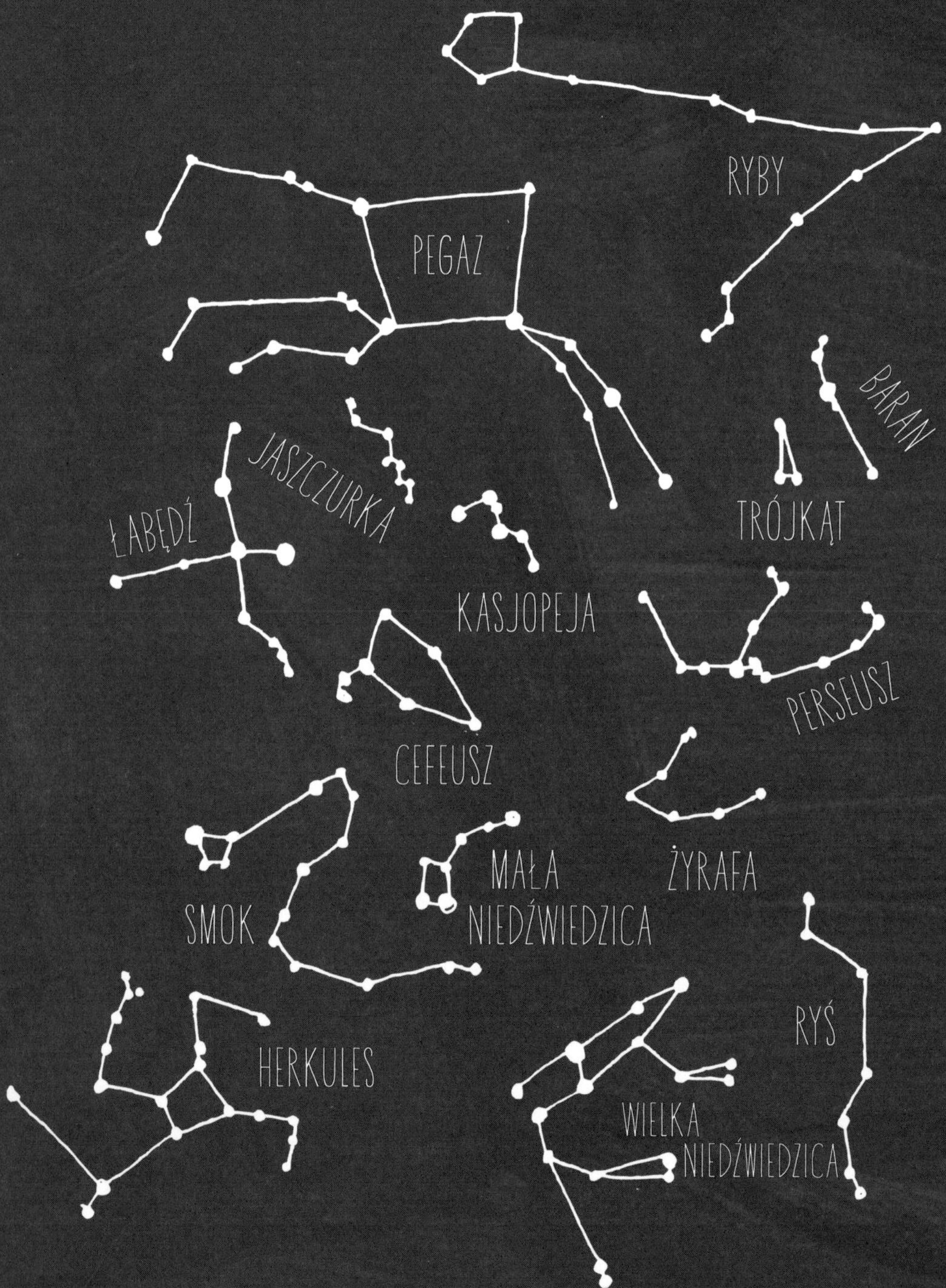

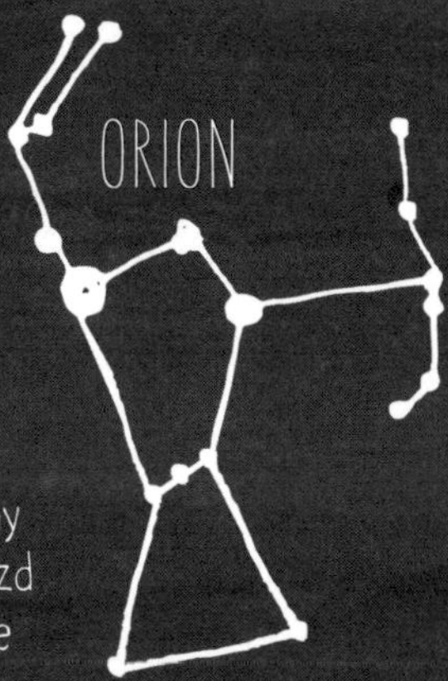

Przez tysiące lat ludzie poszukiwali znaczenia wzorów układających się z gwiazd. Gwiazdozbiory lub asteryzmy to wzory tworzone przez grupy gwiazd widocznych na nocnym niebie. Mimo że gwiazdy wewnątrz gwiazdozbioru zdają się być blisko siebie, w rzeczywistości może je dzielić wiele lat świetlnych.

Symbole i znaczenia przypisywane poszczególnym gwiazdozbiorom różniły się w zależności od kultury i epoki. Obecnie Międzynarodowa Unia Astronomiczna uznaje 88 gwiazdozbiorów na północnym i południowym niebie. Wiele nazw gwiazdozbiorów stosowanych obecnie to nazwy łacińskie pochodzące z czasów Cesarstwa Rzymskiego, ale poszczególne znaczenia i obrazy są często jeszcze starsze.

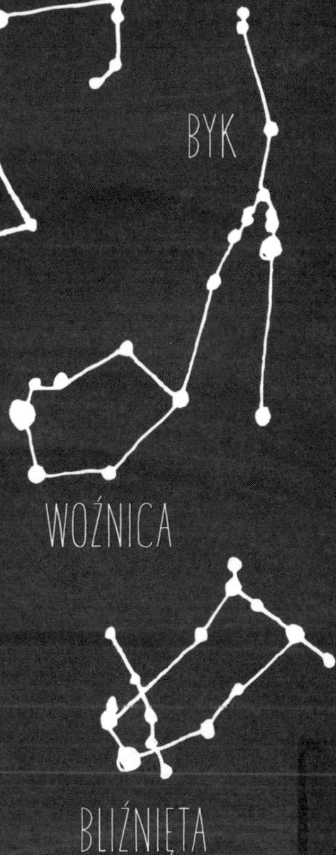

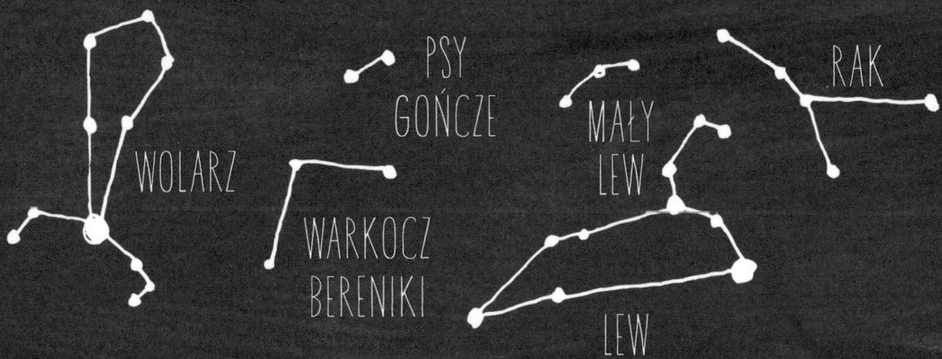

ROZDZIAŁ 3

Bliskie spotkania

BUDOWA KWIATU

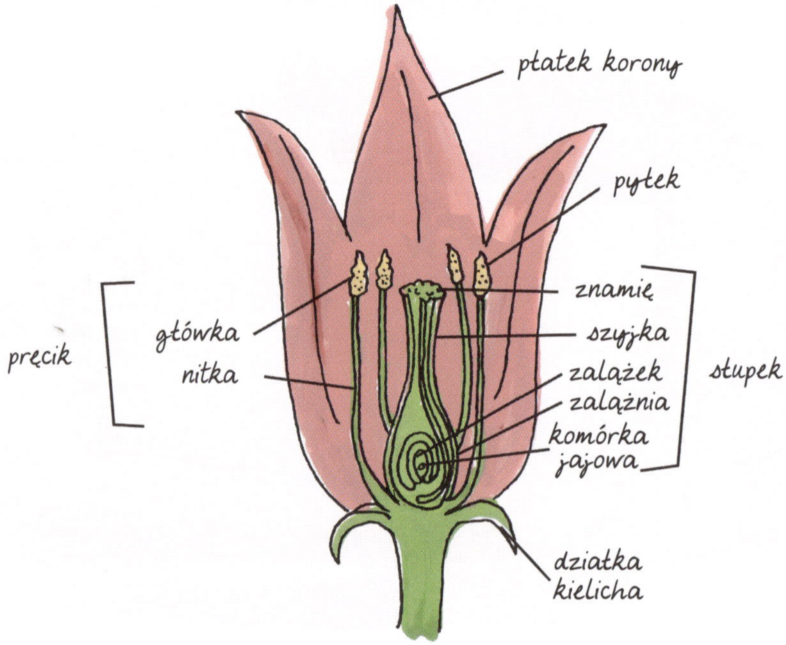

główka pręcika – męska część kwiatu zawierająca pyłek
nitka pręcika – podtrzymuje główkę pręcika
działka kielicha – zmodyfikowany liść podkwiatkowy
pręcik – zawiera męskie części kwiatu
słupek – zawiera żeńskie części kwiatu
zalążnia – żeński organ reprodukcyjny
zalążek – organ rozmnażania; po zapłodnieniu pyłkiem tworzy nasiono
znamię słupka – struktura na szczycie zalążni przyjmująca pyłek
szyjka – nóżka łącząca znamię z zalążnią

DZIKIE KWIATY
KAMASJA JADALNA (CAMASSIA QUAMASH)
FLOKS SZYDLASTY (PHLOX SUBULATA)
PORCELANKA NIEBIESKA (NEMOPHILA MENZIESII)
CYKORIA PODRÓŻNIK (CICHORIUM INTYBUS)
GORYCZKA (GENTIANOPSIS CRINITA)
POWOJNIK (CLEMATIS COLUMBIANA)

PRZYMIOTNO (ERIGERON PHILADELPHICUS)
MARCHEW ZWYCZAJNA (DAUCUS CAROTA)
POMOCNIK (CHIMAPHILA MACULATA)
DIMORPHOCARPA WISLIZENI
BIELUŃ (DATURA WRIGHTII)
SANGWINARIA KANADYJSKA (SANGUINARIA CANADENSIS)
FLOKS DŁUGOLISTNY (PHLOX LONGIFOLIA)

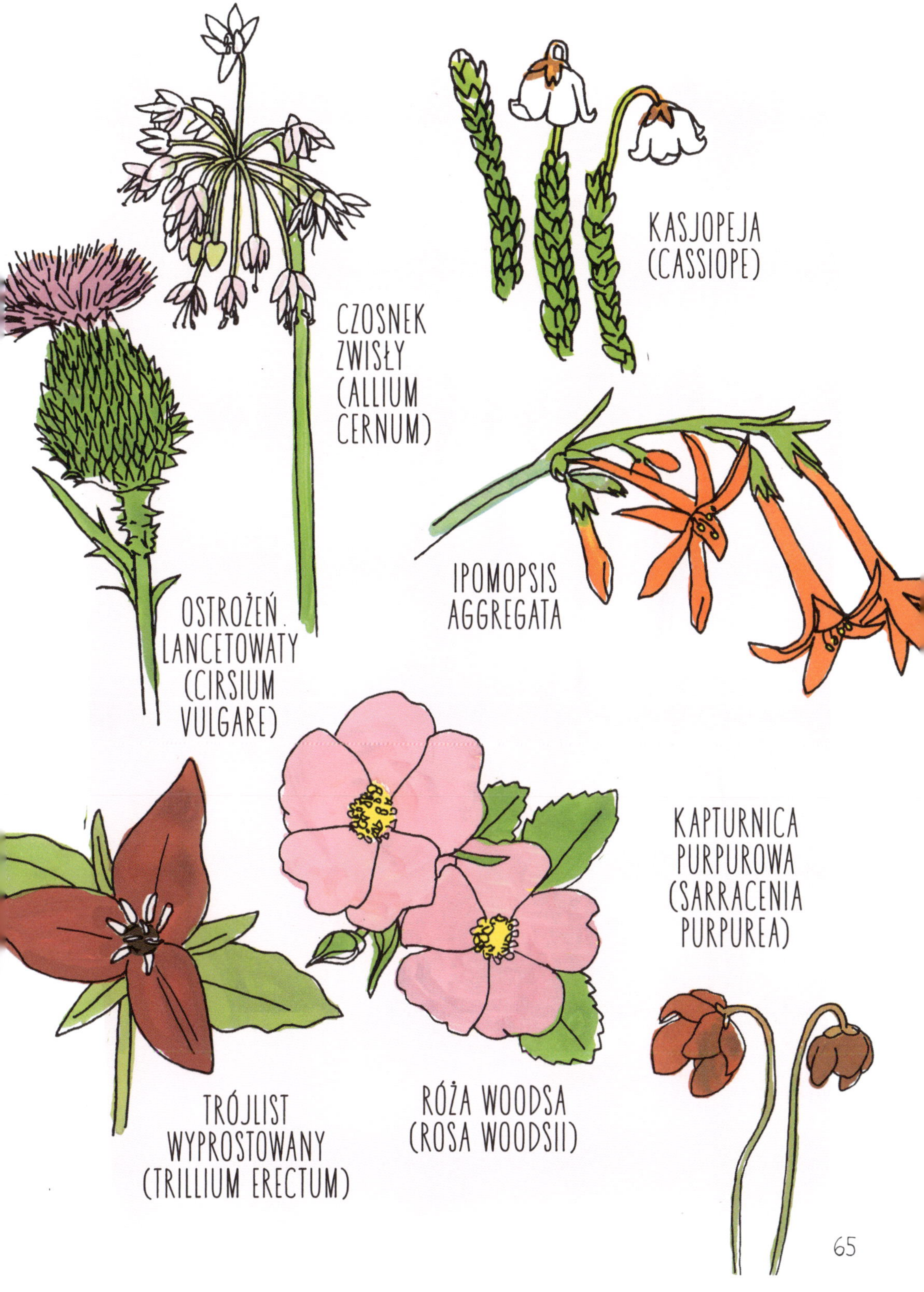
KASJOPEJA
(CASSIOPE)
CZOSNEK
ZWISŁY
(ALLIUM
CERNUM)
IPOMOPSIS
AGGREGATA
OSTROŻEŃ
LANCETOWATY
(CIRSIUM
VULGARE)
KAPTURNICA
PURPUROWA
(SARRACENIA
PURPUREA)
TRÓJLIST
WYPROSTOWANY
(TRILLIUM ERECTUM)
RÓŻA WOODSA
(ROSA WOODSII)

KRZYŻOWNICA (POLYGALA PAUCIFOLIA)
OBUWIK KRÓLEWSKI (CYPRIPEDIUM REGINAE)
LEPNICA WIRGINIJSKA (SILENE VIRGINICA)
ORLIK KANADYJSKI (AQUILEGIA CANADENSIS)
WICIOKRZEW WIECZNIE ZIELONY (LONICERA SEMPERVIRENS)
KURZYŚLAD POLNY (ANAGALLIS ARVENSIS)

TROJEŚĆ BULWIASTA (ASCLEPIAS TUBEROSA)
LILIA TYGRYSIA (LILIUM LANCIFOLIUM)
RUDBEKIA OWŁOSIONA (RUDBECKIA HIRTA)
RATIBIDA (RATIBIDA COLUMNIFERA)
JASKIER OSTRY (RANUNCULUS ACRIS)

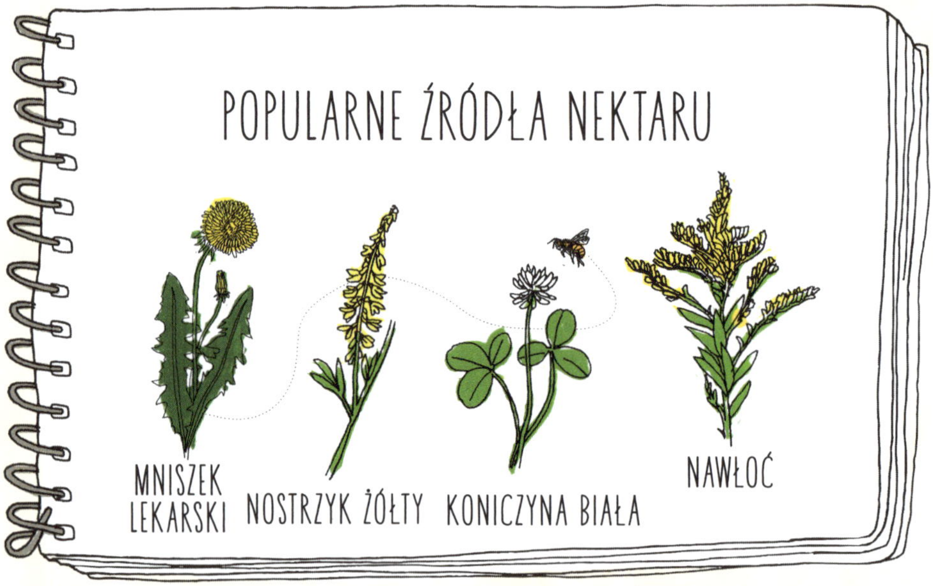

PSZCZOŁA MIODNA

W Ameryce występuje ok. 4000 gatunków rodzimych pszczół, ale najbardziej znana pszczoła miodna przywędrowała z Europy wraz z osadnikami.

TRZMIEL

AGAPOSTEMON

MIESIERKOWATE

ZADRZECHNIA

OSMIA

BUDOWA PSZCZOŁY

1. **Czułek** – składa się z tysięcy malutkich receptorów rozpoznających zapach
2. **Oko złożone** – odpowiada za widzenie na odległość
3. **Oko proste** [**przyoczko**] – trzy przyoczka odpowiadają za widzenie w ciemnym ulu
4. **Tułów** – część ciała między głową i odwłokiem, do którego są przymocowane skrzydła
5. **Skrzydła przednie**
6. **Skrzydła tylne**

   – dwuczęściowe skrzydła łączą się ze sobą podczas lotu i rozdzielają w czasie spoczynku
7. **Odwłok** – zawiera wszystkie narządy, gruczoły woskowe i żądło
8. **Żądło** – mają je tylko robotnice i królowa
9. **Udo**
10. **Stopa**
11. **Przylga**

    – trzy pary odnóży, każde odnóże składa się z sześciu części; służą do poruszania się i zbierania pyłku

RODZINY MOTYLI Z AMERYKI PÓŁNOCNEJ

BUŁAWKOROŻNE

paziowate (RODZINA PAPILIONIDAE)

od średnich do dużych motyli, tylne skrzydła często mają ogonek, różnokolorowe

rusałkowate (RODZINA NYMPHALIDAE)

największa rodzina, dwa krótsze odnóża wykorzystywane do próbowania jedzenia

bielinkowate (RODZINA PIERIDAE)

przeważnie mają białe lub żółte skrzydła z czarnymi lub pomarańczowymi plamami

modraszkowate (RODZINA LYCAENIDAE)

cieniutkie skrzydła, mniejszy rozmiar, zaliczają się do nich ogończyki, niebieskie i miedziane

wielenowate (RODZINA RIODINIDAE)

od małych do średnich motyli, w większości tropikalne, metaliczne plamy

powszelatkowate (RODZINA HESPERIIDAE)

szeroki tułów, małe skrzydła, haczykowate czułki, brązowe i szare z białymi i pomarańczowymi plamami

BUDOWA MOTYLA

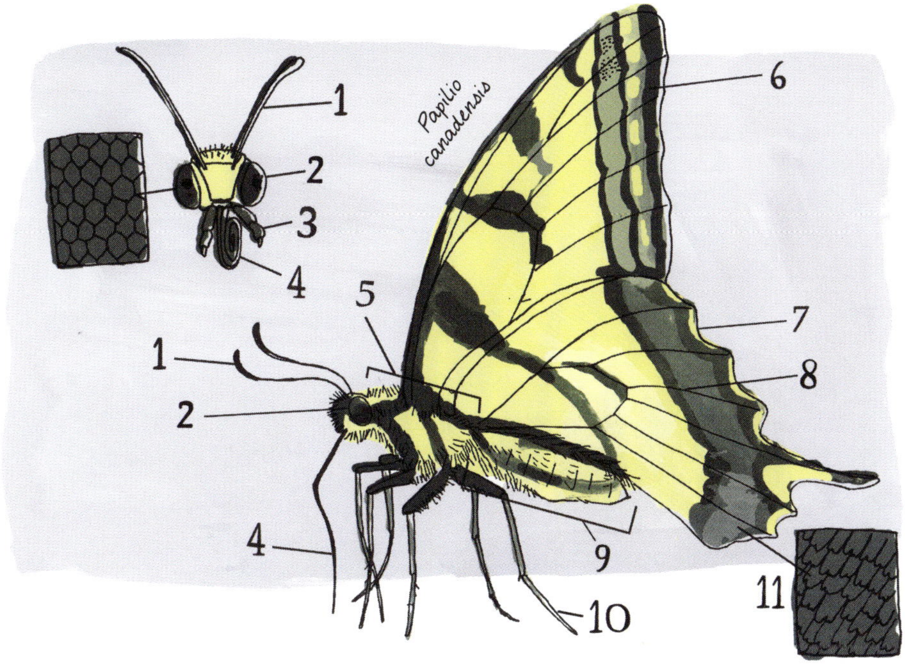

1. **Czułki** – służą jako radar i wykrywacz feromonów
2. **Oko złożone** – tworzy je do 1700 pojedynczych fasetek (receptory światła i soczewki)
3. **Głaszczki** – osłaniają oczy od pyłu, pokryte receptorami zapachowymi
4. **Ssawka** – jest jak długa słomka umożliwiająca jedzenie i picie
5. **Tułów** – trzy segmenty ciała zawierające mięśnie, które umożliwiają lot
6. **Skrzydła przednie**
7. **Skrzydła tylnie**

   (6–7) dwie pary zachodzących na siebie skrzydeł, które trzepocą, a czasami umożliwiają lot ślizgowy
8. **Żyłki skrzydła** – różnią się między gatunkami motyli, wykorzystywane do klasyfikacji[5]
9. **Odwłok** – zawiera układ trawienny, struktury oddechowe, serce i narządy rozrodcze
10. **Odnóża** – motyle, podobnie jak inne owady, mają trzy pary odnóży
11. **Łuski** – skrzydła są pokryte małymi kolorowymi łuskami, przez co wyglądają na zakurzone

Przeobrażenie

Cykl rozwojowy motyli składa się z czterech stadiów: 1. Jaja, 2. Larwy (gąsienicy), 3. Poczwarki (pupa), 4. Postaci dorosłej – imago (motyla).

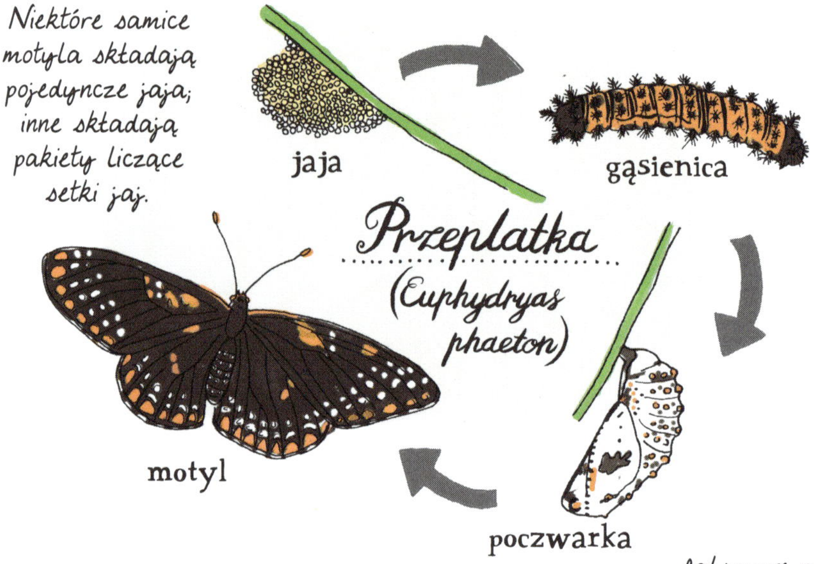

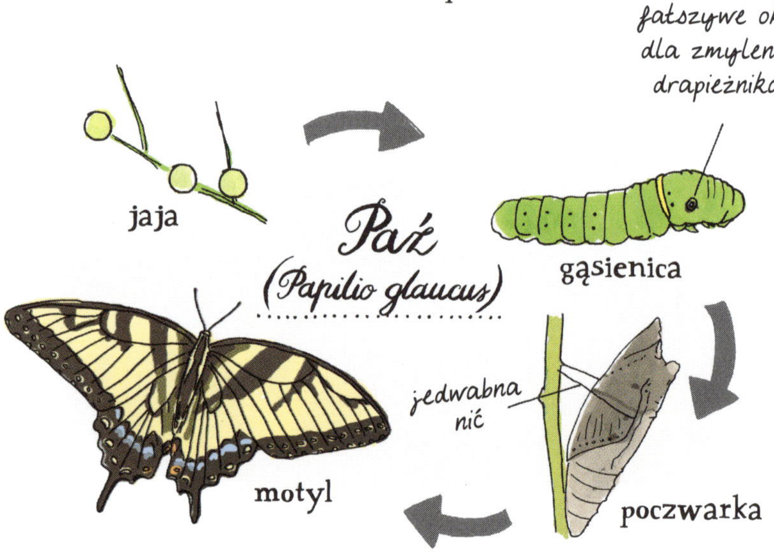

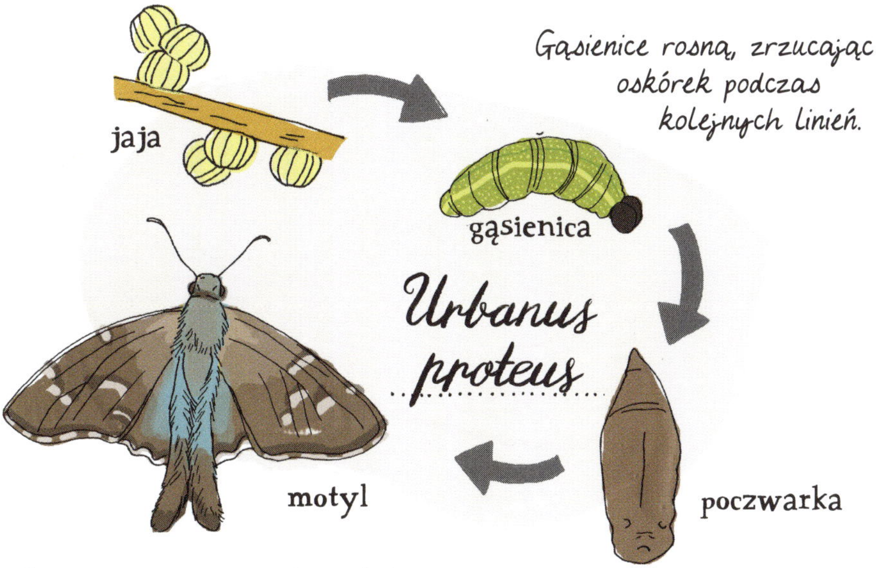

Po wyjściu z poczwarki motyle muszą wysuszyć skrzydła, co może trwać nawet trzy godziny.

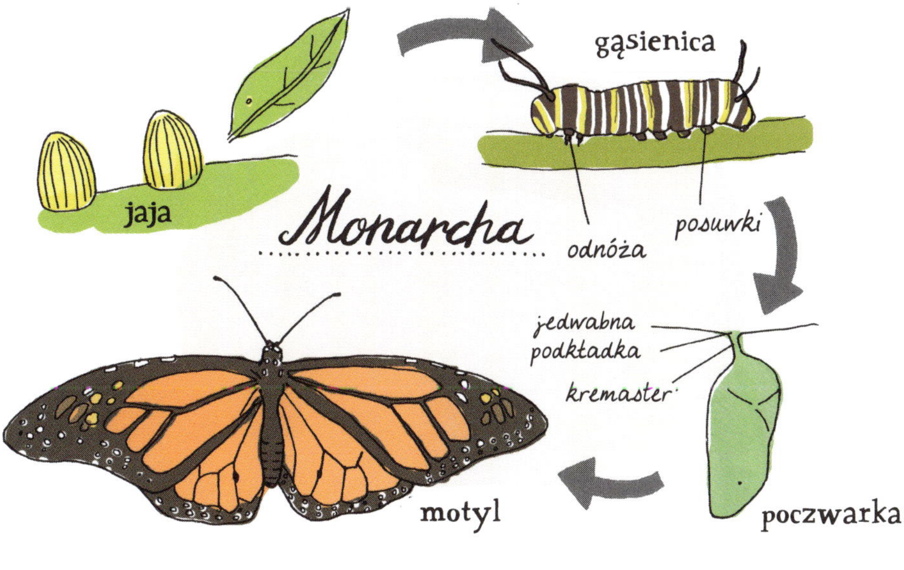

Migracje monarchów

Monarchy zimą podróżują na Południe, a latem na Północ, tak samo jak ptaki. Ze względu na krótki czas życia osobników tego gatunku, pełny cykl każdej migracji obejmuje kilka pokoleń motyli.

ROŚLINY WABIĄCE MOTYLE

Kłosowiec fenkułowy

przyciąga motyle rusałkowate (rusałkę admirała, monarchę, Cynthia, Junonia coenia, Algais milberti), paziowate (Battus philenor), bielinkowate (Phoebis sennae).

Budleja Dawida

przyciąga motyle rusałkowate (monarchę, rusałkę admirała, Junonia coenia, Libytheana carinenta, Speyeria cybele, Phyciodes tharos, Cynthia i inne), paziowate (Papilio polyxenes, Battus philenor), powszelatkowate (Pyrgus communis).

Prusznik amerykański

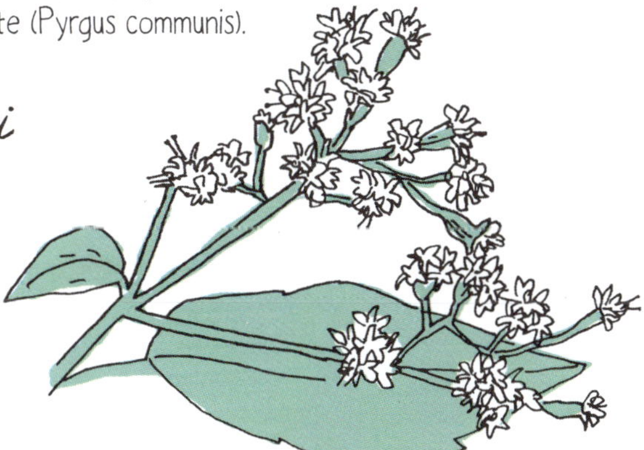

przyciąga motyle modraszkowate (modraszka Celastrina ladon, ogończyki: Satyrium titus, Satyrium liparops, Satyrium edwardsii, Satyrium acadica).

Rudbekia naga

przyciąga motyle rusałkowate (Speyeria cybele, Phyciodes tharos, pokłonnika Limenitis archippus, monarchę), modraszki.

Żółtwik ukośny

przyciąga motyle powszelatkowate (Epargyreus clarus), paziowate (pazie: Papilio troilus, Papilio glaucus).

PIĘKNE MOTYLE

Biblis hyperia

MOTYL Z RODZINY RUSAŁKOWATYCH

od Meksyku do Panamy
oraz południowy Texas

5–5,4 cm

Asterocampa clyton

MOTYL Z RODZINY RUSAŁKOWATYCH

południowe Ontario, Nebraska,
Wisconsin, Massachuesetts,
południowy i wschodni Teksas
oraz południowa Georgia

4,15–7 cm

Chlosyne theona

MOTYL Z RODZINY RUSAŁKOWATYCH

wschodnio-środkowy Teksas,
południowy Nowy Meksyk
oraz środkowa Arizona

3,2–4,45 cm

Everes comyntas

MOTYL Z RODZINY MODRASZKOWATYCH

południowa Kanada do środkowej Ameryki, cały obszar na południe od Gór Skalistych

1,9–2,5 cm

Zerene eurydice

MOTYL Z RODZINY BIELINKOWATYCH

Góry Nadbrzeżne Kalifornii, niższe zachodnie partie gór Sierra Nevada, zachodnia Arizona

4,13–6,4 cm

Pterourus troilus

MOTYL Z RODZINY PAZIOWATYCH

wschodnia Ameryka Północna

8,9–11,4 cm

Heliconius charitonia

MOTYL Z RODZINY RUSAŁKOWATYCH

Ameryka Południowa do Ameryki Środkowej, południowy Teksas, półwysep Floryda, czasami Nowy Meksyk, Nebraska i Karolina Południowa

7,6–8,6 cm

Siproeta stelenes

MOTYL Z RODZINY RUSAŁKOWATYCH

Ameryka Środkowa, od Meksyku do południowej Florydy, południowy Teksas

8,5–9,8 cm

Pyrgus albescens

MOTYL Z RODZINY POWSZELATKOWATYCH

południowa Kalifornia, południowa Arizona, południowy Nowy Meksyk, zachodni i południowy Teksas, Floryda, Meksyk

2,5–3,8 cm

Junonia coenia

MOTYL Z RODZINY RUSAŁKOWATYCH

południowa Manitoba, Ontario, Quebec, Nowa Szkocja, całe Stany Zjednoczone poza częścią północno-zachodnią

4,45–7 cm

Marpesia petreus

MOTYL Z RODZINY RUSAŁKOWATYCH

od Brazylii przez Amerykę Środkową, Meksyk, do południowej Florydy. Rzadko w Arizonie, Kolorado, Nebrasce, Kansas, południowym Teksasie

6,7–7,3 cm

Anthocharis sara

MOTYL Z RODZINY BIELINKOWATYCH

od wybrzeża Alaski na południe do Kalifornii Dolnej – teren zlewiska pacyficznego

2,5–3,8 cm

KOLOROWE ĆMY

Hemaris thysbe

ĆMA Z RODZINY ZAWISAKOWATYCH

2,5–3,8 cm

ĆMA Z RODZINY PAWICOWATYCH

Dryocampa rubicunda

4,6–5,1 cm

Haploa colona

ĆMA Z RODZINY MROCZNICOWATYCH

ĆMA Z RODZINY PAWICOWATYCH

Automeris io

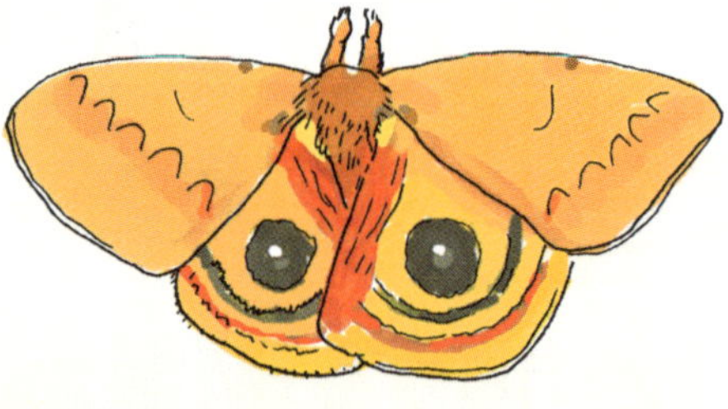

5,1–7,6 cm

MOTYL vs. ĆMA

MOTYL

- aktywny podczas dnia
- przy poszukiwaniu partnera wykorzystuje wzrok
- nie słyszy
- ogrzewa się w słońcu
- tworzy wiszące poczwarki

VS.

ĆMA

- aktywna podczas nocy
- przy poszukiwaniu partnera wykorzystuje węch
- słyszy
- ogrzewa się w locie
- wytwarza kokon

Hyles lineata

ĆMA Z RODZINY ZAWISAKOWATYCH

6,4–8,9 cm

Actias luna

ĆMA Z RODZINY PAWICOWATYCH

7,9–11,4 cm

Citheronia regalis

ĆMA Z RODZINY PAWICOWATYCH

12–15 cm

TURZYCE *mają kanciastą łodygę*

SITOWIE *ma okrągłą łodygę*

TRAWY *są puste w środku na całej długości łodygi*

DRŻĄCZKA

SIT KOLCZASTY

OŚCICA PRERIOWA

TURZYCA TĘGA

BUTELUA GRONIASTA

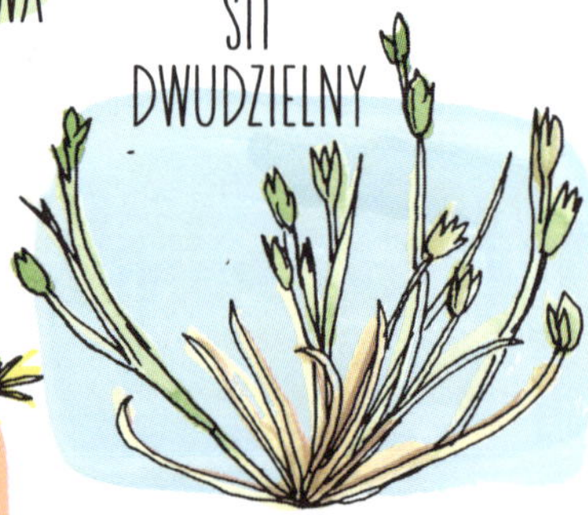

SIT DWUDZIELNY

CIBORA JADALNA

OCZERET TABERNEMONTANA

WIECHLINA ŁĄKOWA

WEŁNIANKA
TURZYCA HISTERYCINA
SIT CIENKI
BUTELUA SMUKŁA
SORGO
CENCHRUS LONGISPINUS
ŻYTO ZWYCZAJNE
SIT JUNCUS ACUMINATUS
TRZCINA
TRAWA PRERIOWA
DZIKI RYŻ

ROŚLINY JADALNE

Młoda dzika cykoria

Wczesne wiosenne pędy można jeść na surowo, a korzenie mogą po uprażeniu zastępować kawę.

Szpinak kubański

Pożywne liście tej rośliny są pyszne na surowo jako dodatek do sałatki.

Fiołek

Smaczne są młode liście oraz ładne kwiaty, które można kandyzować lub jeść na surowo.

Komosa biała[6]

Bogata w składniki odżywcze. Liście tej doskonałej rośliny można przygotować podobnie jak szpinak.

Młody mniszek lekarski

Należy użyć młodych liści z wnętrza okółka i podawać surowe lub lekko podgotowane na parze.

Czerwona koniczyna

Bogata w białko, liście mogą posłużyć za gotowaną zieleninę, a z kwiatów można zaparzyć dobrą herbatę.

Dziewanna

Napar z kwiatów i liści jest dobry na kaszel i inne problemy z drogami oddechowymi.

Babka zwyczajna

Młode liście nadają się do blanszowania. Nasiona można zmielić na mąkę razową – dodatek do chleba.

Z kwiatów powstaje aromatyczna herbata. Liście mogą zastąpić chmiel w procesie warzenia piwa.

Krwawnik pospolity

Szczawik zajęczy

Kwiaty, owoce i liście świetnie nadają się na słodko-kwaśną przekąskę na szlaku.

PIĘĆ ZASAD ZBIERANIA DZIKICH ROŚLIN JADALNYCH

1. ŚRODEK WIOSNY TO NAJLEPSZY CZAS NA POSZUKIWANIA PYSZNYCH, POŻYWNYCH DZIKICH ROŚLIN.
2. ZBIERAJ TYLKO NIEWIELKĄ ILOŚĆ ROŚLIN Z DANEGO OBSZARU, TAK ABY MÓC TAM WRACAĆ KAŻDEGO ROKU.
3. KORZYSTAJ Z MIEJSC, GDZIE GLEBA NIE ZOSTAŁA ZANIECZYSZCZONA PRZEZ WCZEŚNIEJSZE WYKORZYSTANIE PRZEMYSŁOWE LUB HANDLOWE.
4. SPRAWDŹ, JAKIE SĄ LOKALNE REGULACJE DOTYCZĄCE ZBIERANIA ROŚLIN, I POPROŚ O ZGODĘ WŁAŚCICIELA ZIEMI.

I najważniejsze:

5. NIEKTÓRE TRUJĄCE GATUNKI PRZYPOMINAJĄ TE JADALNE, DLATEGO NIGDY NIE JEDZ CZEGOŚ, CZEGO NIE MOŻESZ ZE STUPROCENTOWĄ PEWNOŚCIĄ ROZPOZNAĆ.

Pąki liliowców faszerowane gorgonzolą według Jenny Kendler

PĄKI LILIOWCÓW (WYBIERZ ZAMKNIĘTE, ALE DOJRZAŁE PĄKI DŁUGOŚCI 6,5–9 CM)

OLIWA Z OLIWEK

SER GORGONZOLA ALBO INNY NIEBIESKI SER (JEŚLI TO MOŻLIWE, WYBIERZ SER LOKALNY)

ŚWIEŻO MIELONY PIEPRZ

Piekarnik nagrzej do 200°C. Ułóż pąki na lekko skropionym oliwą papierze do pieczenia. Delikatnie rozchyl każdy pąk i nafaszeruj serem; w miarę możliwości zamknij z powrotem płatki. Rozprowadź pędzelkiem odrobinę oliwy po nafaszerowanych pąkach, obficie posyp świeżo zmielonym pieprzem. Piecz do momentu aż ser zacznie brązowieć i bulgotać. Podawaj gorące i delektuj się z przyjaciółmi tym eleganckim, własnoręcznie zebranym smakołykiem.

NIESAMOWITA RÓŻNORODNOŚĆ OWADÓW

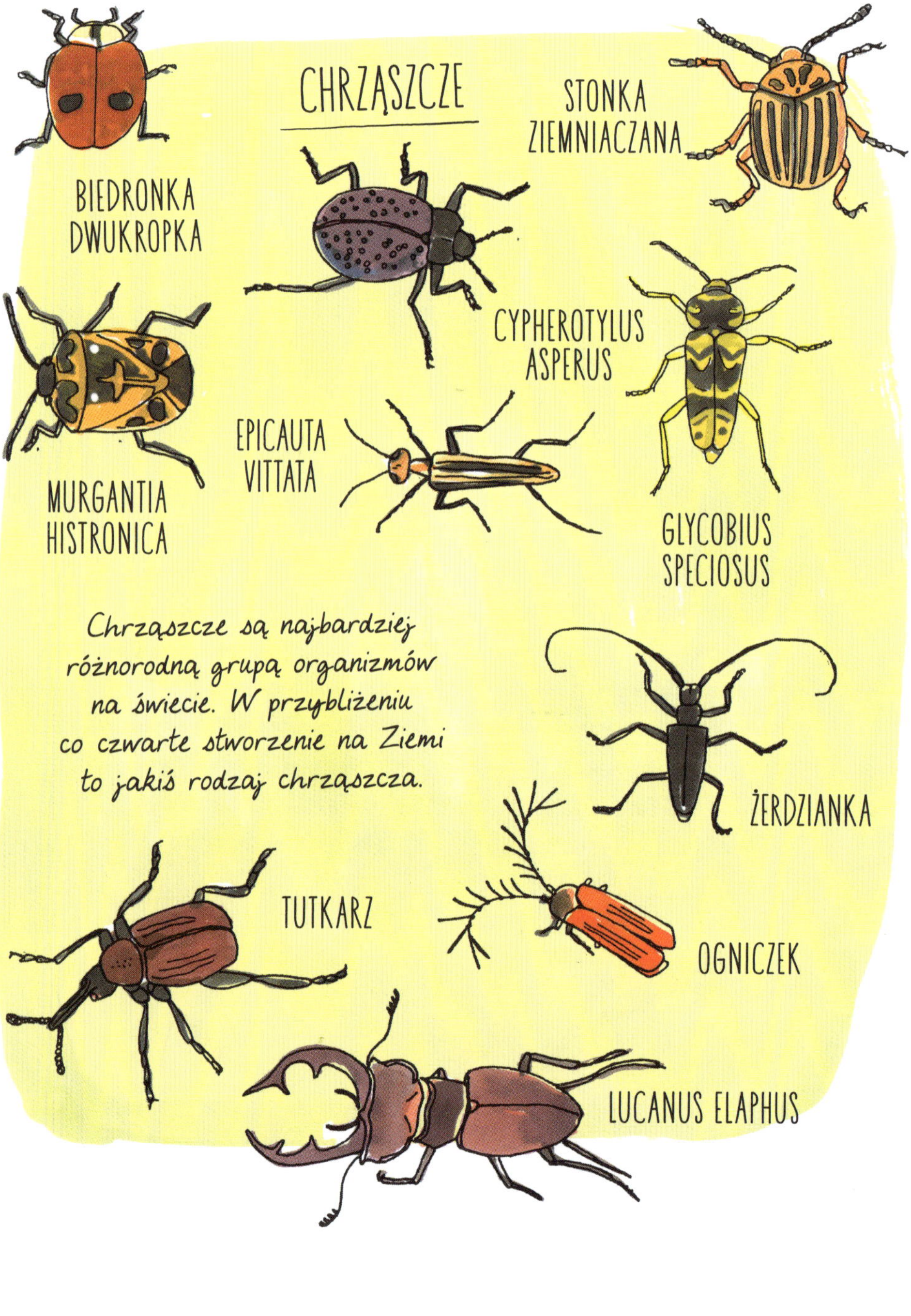

Chrząszcze są najbardziej różnorodną grupą organizmów na świecie. W przybliżeniu co czwarte stworzenie na Ziemi to jakiś rodzaj chrząszcza.

RĄCZYCOWATE

Larwy są pasożytami, które rozwijają się w ciele innego owada, w końcu zabijając swojego gospodarza.

SZARAŃCZOWATE

Mogą skakać na wysokość równą dwudziestokrotnej długości swojego ciała – to tak, jakby człowiek o wzroście 1,8 m skoczył na wysokość prawie 40 metrów.

PISOGŁÓWKI

Są pokryte malutkimi włoskami i wydzielają płyn, który je impregnuje, a także zawiera feromony.

MODLISZKA

Samica odgryza czasami głowę samca podczas kopulacji.

PASIKONIK

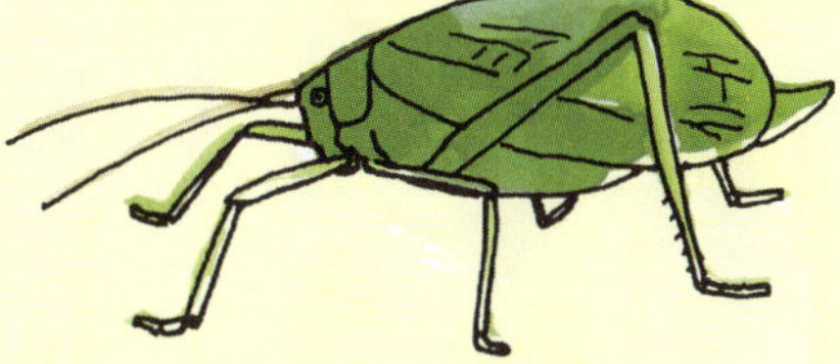

Pasikoniki wydają charakterystyczne dźwięki zwane cykaniem[7].

Pasikonikowate składają jaja jesienią na roślinach lub w glebie, ale młode owady wykluwają się dopiero wiosną.

CYKADY WIELOLETNIE

Niektóre gatunki cykad żyją pod ziemią, czerpiąc składniki odżywcze z korzeni drzew, wychodzą jednocześnie i bardzo licznie spod ziemi w 13–17-letnich cyklach. Znane z hałaśliwości odgłosy godowe dużych grup samców mogą przekraczać 120 decybeli (łamiąc przepisy dotyczące hałasu na niektórych obszarach); uważa się, że odgłosy te odstraszają drapieżne ptaki.

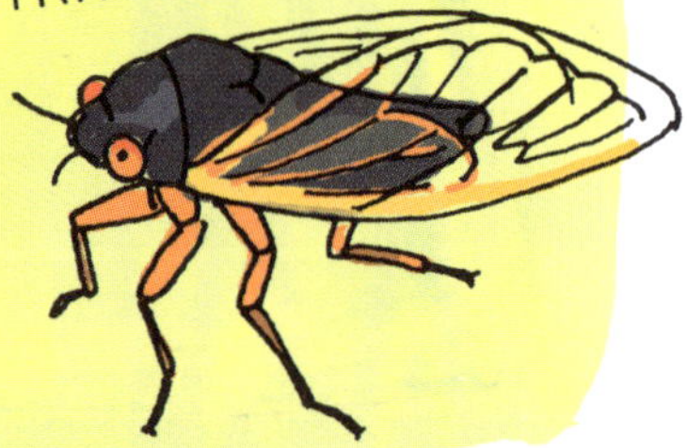

SKORPION PUSTYNNY (HADRURUS ARIZONENSIS)[8]

Największy skorpion Ameryki Północnej – dochodzi do 14 cm długości – żywi się jaszczurkami i wężami.

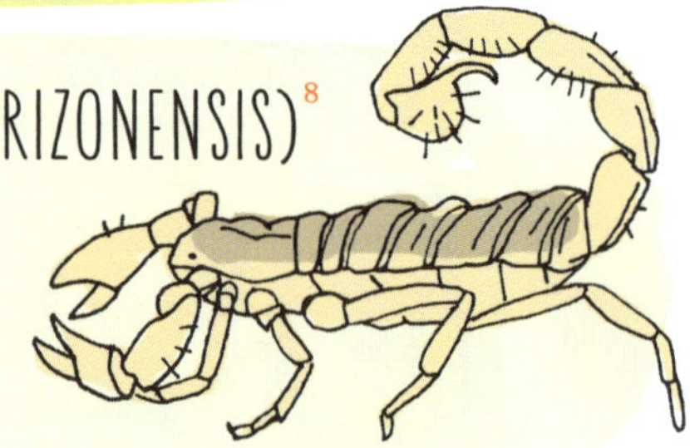

WACHLARZYNY

Kiedy oddalają się od źródła światła, wydaje się, że znikają – widoczne pozostają tylko białe plamki na ciele.

ZGARBOWATE

Gdy siedzą na łodydze, kamuflują się, udając kolce.

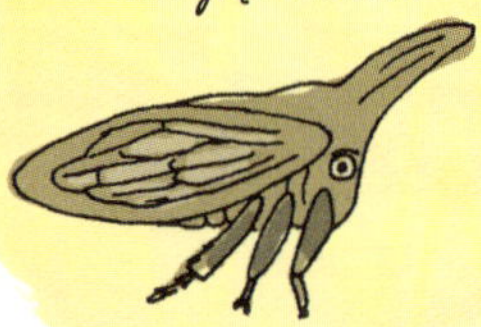

PCHLICA ŚNIEŻNA

Ten rodzaj skoczogonka ma wyjątkowy narząd skoczny, który składa się pod odwłokiem i może wyrzucić owada w powietrze na wysokość 10 cm.

WAŻKI

LIBELLULA LUCTUOSA

PLATHEMIS LYDIA

PARITHEMIS TENERA

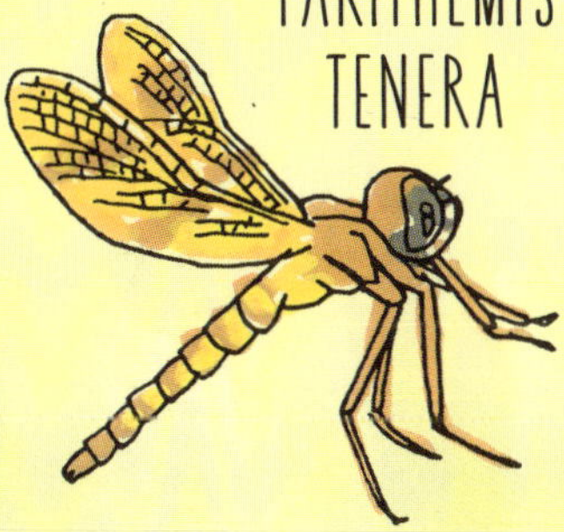

NIMFA STAWOWA

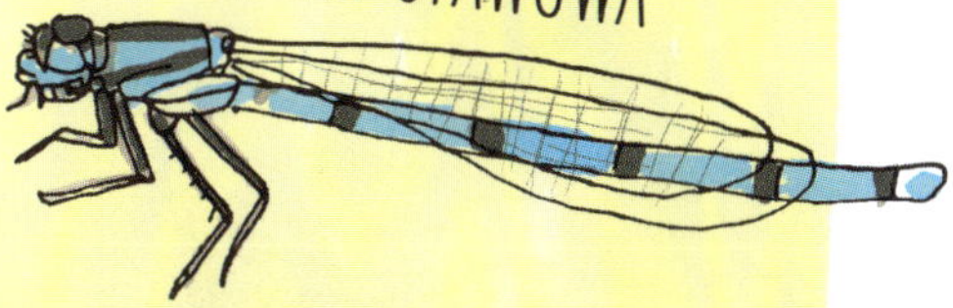

Zarówno ważki różnoskrzydłe, jak i równoskrzydłe często kopulują podczas lotu. Ta pozycja jest nazywana tandemem – ważki tworzą w niej zamkniętą pętlę ze swoich ciał.

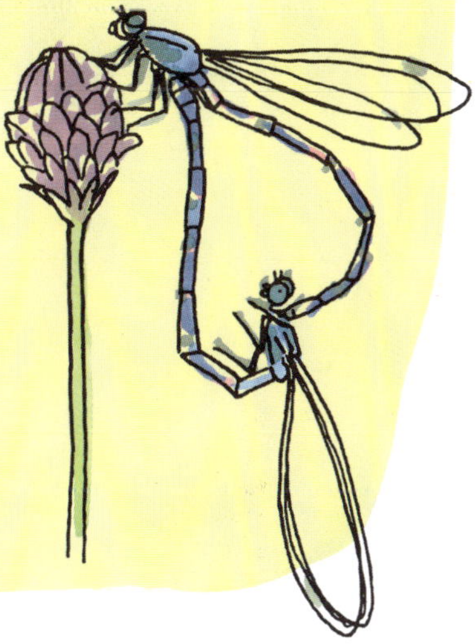

ZJAWISKOWE PAJĄKI

Pająki pojawiły się na Ziemi setki milionów lat przed ludźmi. Należą do gromady pajęczaków, razem ze skorpionami, kleszczami i roztoczami. W przeciwieństwie do owadów, pająki mają tylko dwie główne części ciała i nie mają czułków.

KWIETNIK

Zmienia kolor od białego do żółtego, żeby ukryć się wśród kwiatów.

CZARNA WDOWA

Samica zjada samca po kopulacji, stąd nazwa „wdowa".

KRZYŻAK DWUBARWNY

Jeden z najpiękniejszych krzyżakowatych.

TYGRZYK TRÓJPRĘGI

Preferuje otwarte przestrzenie i prerie.

MICRATHENA

Kolce na odwłoku służą jako zbroja przeciw drapieżnikom takim jak ptaki, jaszczurki i owady.

POGOŃCOWATE

Noszą jaja w kokonie na odwłoku.

SPIRALNA PAJĘCZYNA KRZYŻAKOWATYCH

Głównie wytwarzana przez pająki z rodziny krzyżakowatych.

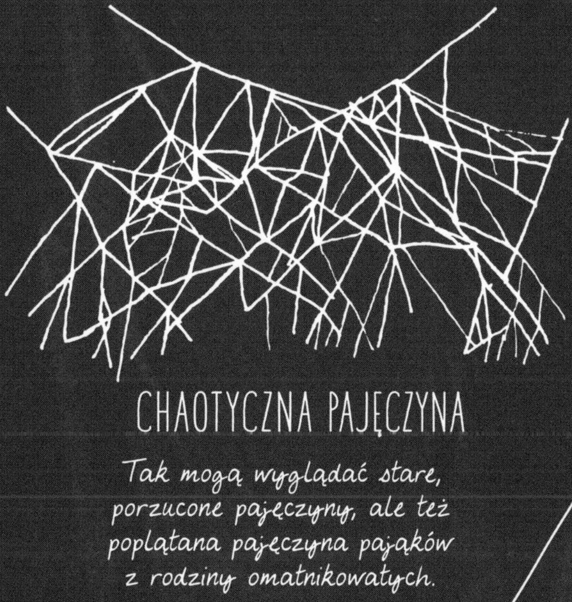

CHAOTYCZNA PAJĘCZYNA

Tak mogą wyglądać stare, porzucone pajęczyny, ale też poplątana pajęczyna pająków z rodziny omatnikowatych.

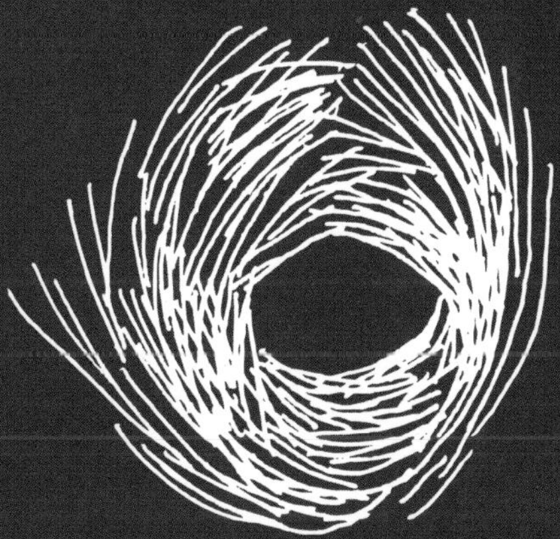

PAJĘCZYNA W KSZTAŁCIE LEJKA

Większość z około 1200 gatunków z rodziny lejkowcowatych (Agelenidae) jest jadowita, ale niegroźna dla człowieka.

PAJĘCZYNA TRÓJKĄTNA

Wytwarzana przez prząstniki.

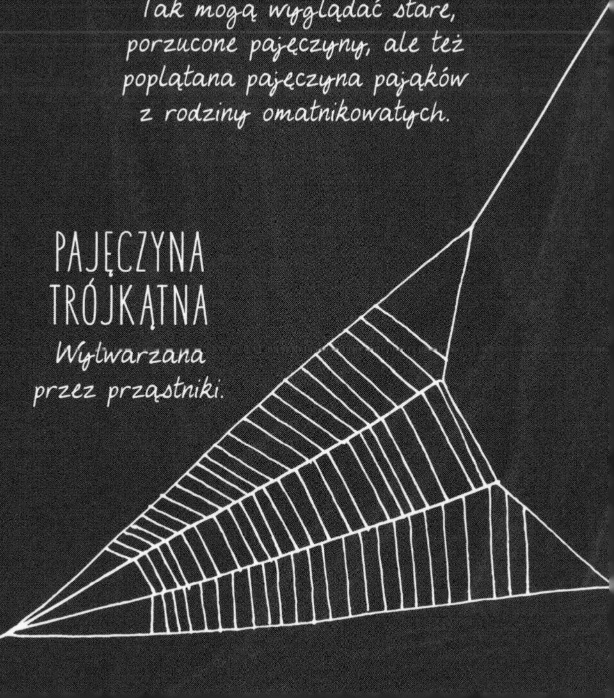

BUDOWA MRÓWKI

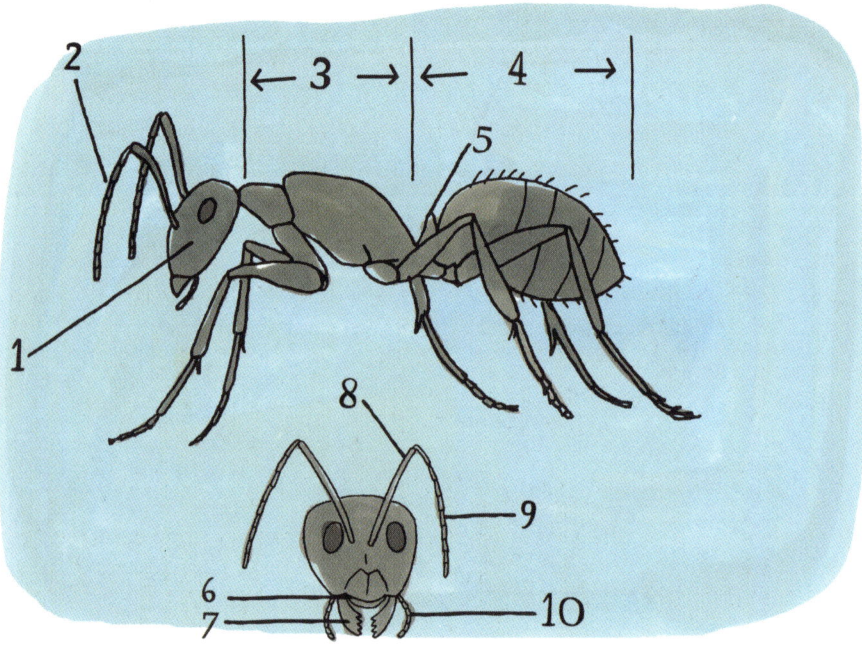

1. **Głowa** – są na niej umiejscowione: otwór gębowy, żuwaczki, oczy i czułki
2. **Czułek** – narząd powonienia, wykorzystywany do rozpoznawania towarzyszy z gniazda i wyczuwania wrogów
3. **Tułów** – środkowa część, do której są przytwierdzone trzy pary nóg
4. **Odwłok** – zawiera najważniejsze organy oraz narządy reprodukcyjne
5. **Stylik** – łączy tułów z odwłokiem
6. **Warga dolna** – pełni funkcję dna otworu gębowego
7. **Żuwaczki** – wykorzystywane do kopania, przenoszenia i zbierania pożywienia oraz budowania gniazd
8. **Trzonek** – podstawa czułka
9. **Biczyk** – segmentowana górna część czułka wykorzystywana do rozpoznawania zapachów
10. **Głaszczek wargowy** – pełni funkcję dolnej wargi

Mrówkom udało się zasiedlić większość lądów na Ziemi. Wyewoluowały 120 milionów lat temu od owadów przypominających osy, a ich struktura społeczna nadal przypomina strukturę pszczelej kolonii.

Na pierwszy rzut oka wydaje się, że mrówki traktują swoich zmarłych w taki sam sposób, jak ludzie – zanim martwa mrówka zostanie usunięta, jej ciało nie jest ruszane przez dwa dni. Dzieje się tak dlatego, że mrówki nie rozpoznają, że inna mrówka nie żyje, dopóki jej ciało nie zacznie wydzielać substancji chemicznej o nazwie kwas oleinowy. Kiedy mrówki wyczują ten zapach, rozkładająca się mrówka, która teraz pachnie obco, zostaje przeniesiona na stos odpadów. Entomolog Edward O. Wilson odkrył, że jeśli pokropi się kwasem oleinowym żywą mrówkę, inne mrówki będą myślały, że jest ona martwa, i wyniosą ją.

ROZDZIAŁ 4

Las możliwości

Kształty drzew

PIRAMIDALNY

STOŻKOWY

KOLUMNOWY

ROZŁOŻYSTY

PUCHAROWY

ZWISŁY

KULISTY

OTWARTY

NIEREGULARNY

BUDOWA DRZEWA LIŚCIASTEGO

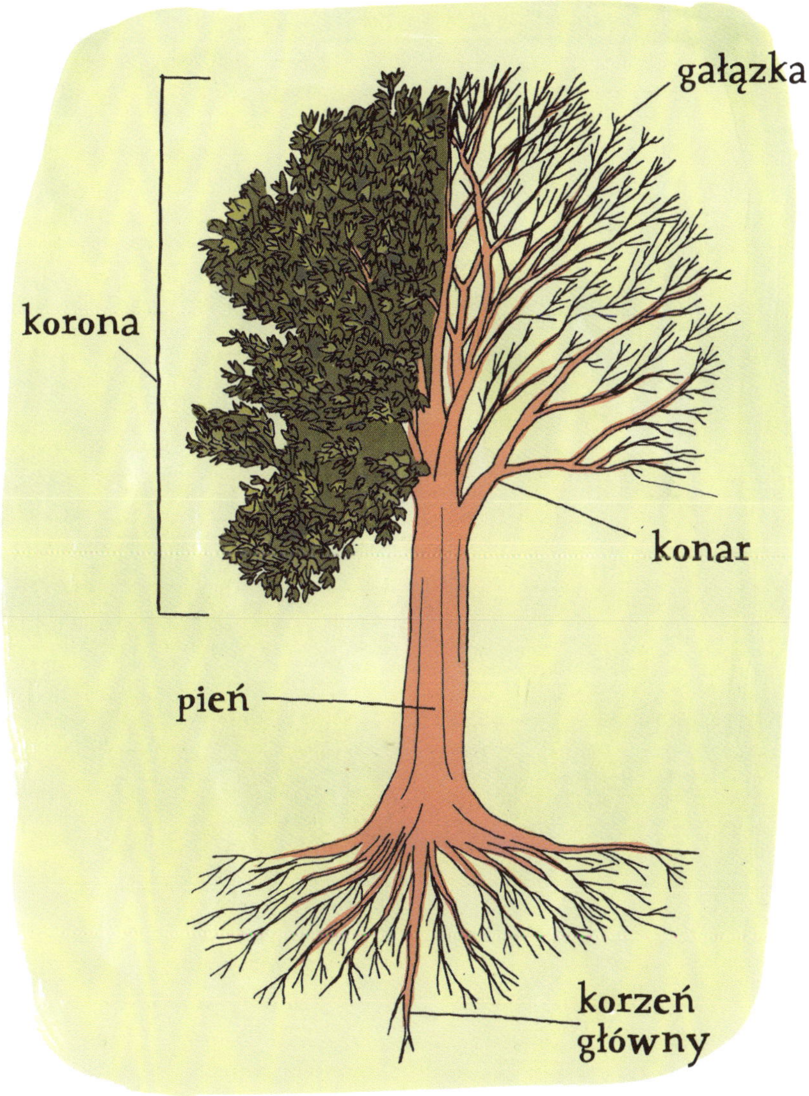

BUDOWA PNIA

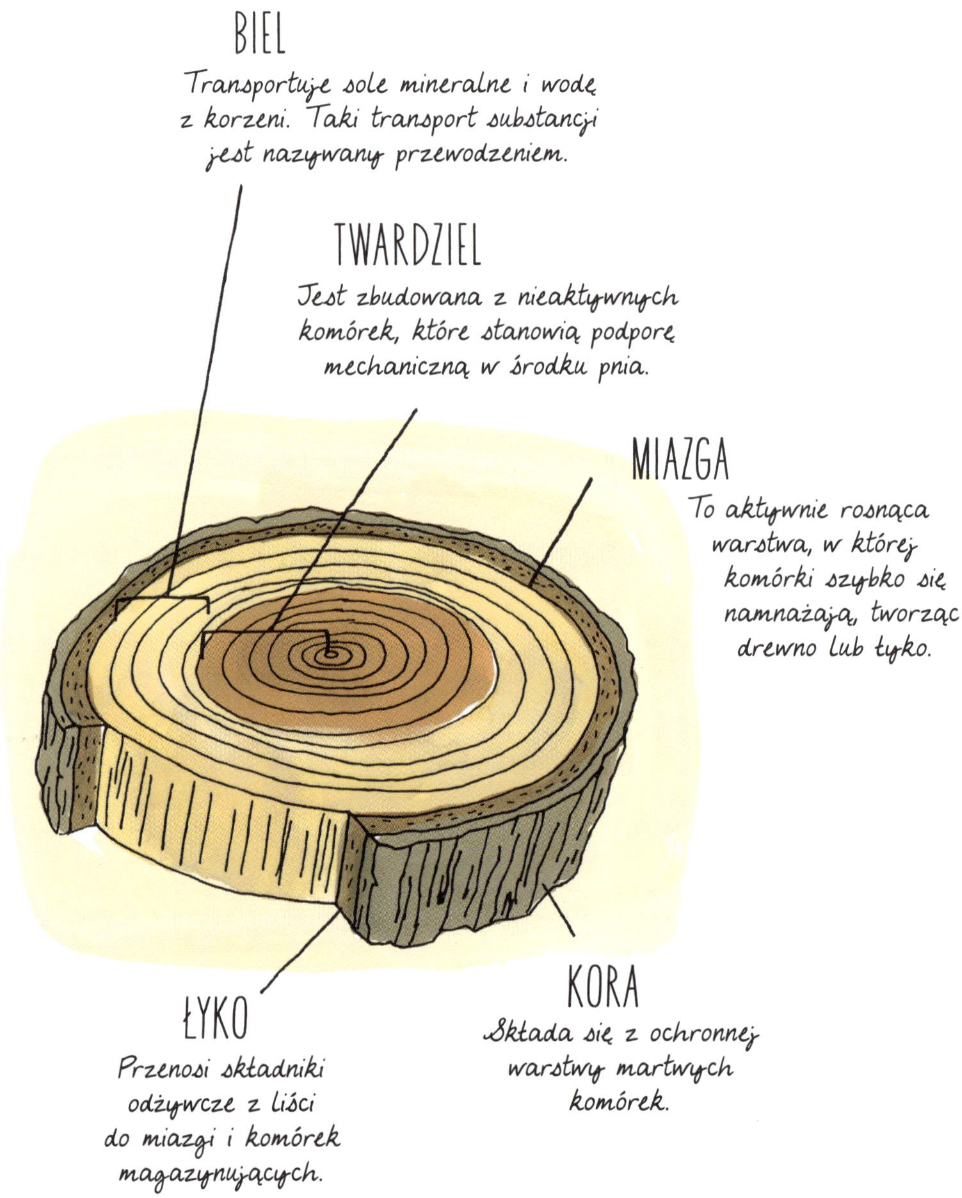

BIEL
Transportuje sole mineralne i wodę z korzeni. Taki transport substancji jest nazywany przewodzeniem.
TWARDZIEL
Jest zbudowana z nieaktywnych komórek, które stanowią podporę mechaniczną w środku pnia.
MIAZGA
To aktywnie rosnąca warstwa, w której komórki szybko się namnażają, tworząc drewno lub łyko.
ŁYKO
Przenosi składniki odżywcze z liści do miazgi i komórek magazynujących.
KORA
Składa się z ochronnej warstwy martwych komórek.

Dendrochronologia

(OCENIANIE WIEKU DRZEWA PRZEZ ZLICZANIE PRZYROSTÓW ROCZNYCH NA POPRZECZNIE PRZECIĘTYM PNIU)

Przyrosty są widoczne na przekroju pnia jako słoje, gdzie jeden słój oznacza przeważnie jeden rok. Drzewa rosnące w strefach umiarkowanych, z dużymi różnicami temperatur między latem a zimą, mają najbardziej wyraźne słoje. Długi, wilgotny sezon wegetacyjny spowoduje powstanie szerszych słojów. Suche lata powodują powstawanie wąskich słojów.

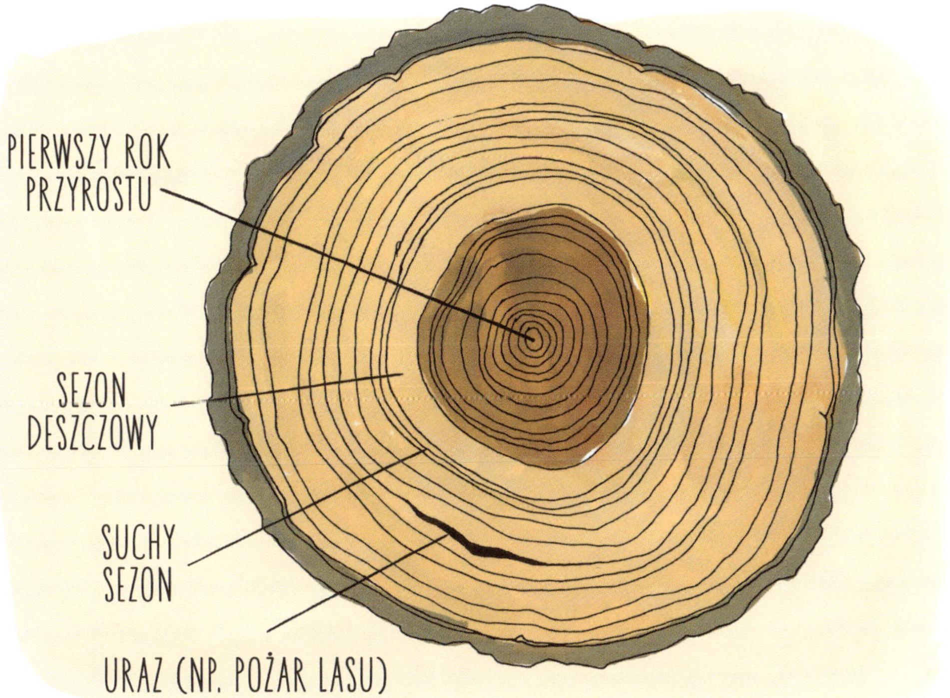

Najstarsze opisane żyjące drzewo to „The Hatch Tree". Z wnętrza jego pnia została pobrana próbka, na której doliczono się 5063 słojów. Tym drzewem jest sosna długowieczna rosnąca w Górach Białych w Kalifornii.

ROZPOZNAWANIE LIŚCI

Kształt

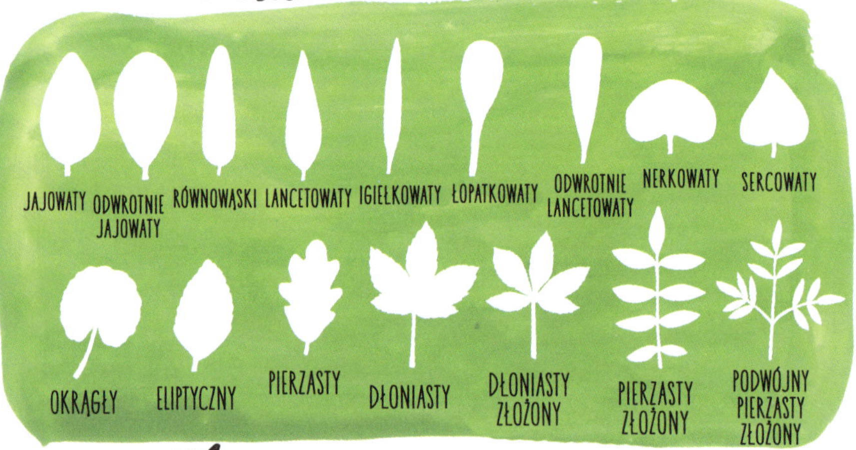

Krawędź (BRZEG LIŚCIA)

Użytkowanie (UKŁAD ŻYŁEK)

Części liścia

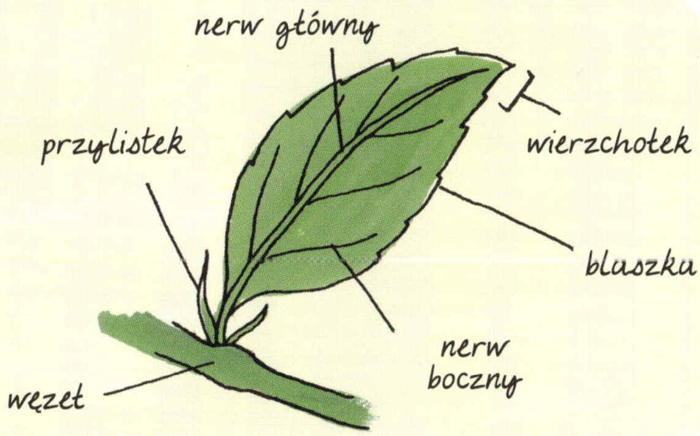

DRZEWA AMERYKI PÓŁNOCNEJ

Mamutowiec olbrzymi

(SEQUOIADENDRON GIGANTEUM)

Mamutowce mają najszersze pnie, a 11 000 dojrzałych szyszek mamutowca może wyprodukować do 400 000 nasion rocznie.

Sekwoja wiecznie zielona

(SEQUOIA SEMPERVIRENS)

Wśród przedstawicieli tego gatunku znajdują się najwyższe żyjące drzewa sięgające 115 metrów.

Sosna oścista

(PINUS ARISTATA)

Ta sosna żyje dłużej niż jakikolwiek znany organizm – do 5000 lat!

Wiąz amerykański

(ULMUS AMERICANA)

Te wiązy występują coraz rzadziej z powodu holenderskiej choroby wiązu.

Ambrowiec balsamiczny

(LIQUIDAMBAR STYRACIFLUA)

Ambrowce to jedne z gatunków drzew, które najpóźniej wypuszczają liście wiosną i najpóźniej zrzucają je jesienią.

Cypryśnik błotny

(TAXODIUM DISTICHUM)

Korzenie oddechowe wystające z gleby lub z wody to struktury korzeniowe zakotwiczające drzewo oraz umożliwiające mu pobieranie tlenu z powietrza.

Dąb wirginijski

(QUERCUS VIRGINIANA)

Jest to jeden z niewielu gatunków dębów, które przeważnie są szersze niż wyższe.

Dąb czerwony

(QUERCUS RUBRA)

Pojedyncze drzewa w optymalnych warunkach mogą dożywać 500 lat.

Wierzba babilońska

(SALIX BABYLONICA)

Podstawa medycyny rdzennych mieszkańców Ameryki, sok z kory drzewa zawiera kwas salicylowy – substancję czynną aspiryny.

Brzoza papierowa

(BETULA PAPYRIFERA)

Z tego drzewa pozyskuje się syrop brzozowy – substancję słodzącą uzyskiwaną przez odparowywanie soku.

Chróścina menziesii

(ARBUTUS MENZIESII)

Kora tego wiecznie zielonego drzewa z Zachodniego Wybrzeża złuszcza się cienkimi płatami.

Klon cukrowy

(ACER SACCHARUM)

Spośród 124 gatunków klonów z 13 można uzyskiwać cukier. Klon cukrowy i klon czarny wytwarzają najbardziej skoncentrowany sok.

Sumak odurzający

(RHUS TYPHINA)

Owoce mają przyjemny kwaśny, cytrusowy smak; po ich namoczeniu i osłodzeniu powstaje pyszny napój na późne lato.

Czeremcha amerykańska[9]

(PRUNUS SEROTINA)

Kora po zadrapaniu lub rozłupaniu wydziela migdałowy zapach.

Magnolia wielkokwiatowa

(MAGNOLIA GRANDIFLORA)

Pachnące białe kwiaty mogą dochodzić do 30 cm średnicy.

Miłorząb dwuklapowy

(GINKGO BILOBA)

Miłorząb dwuklapowy jest wyjątkowy, ponieważ jest jedynym gatunkiem z rodzaju Ginkgo.

Sosna żółta

(PINUS PONDEROSA)

Sosna w toku ewolucji uzyskała odporność na pożary poszycia. Kora w bruzdach na pniu podobno pachnie jak wanilia.

Orzech czarny

(JUGLANS NIGRA)

Z pestkowców orzecha czarnego można wytwarzać żółty i brązowy barwnik.

Modrzew amerykański

(LARIX LARICINA)

Mimo że ma igły i wygląda jak roślina zimozielona, drzewo to zrzuca żółciejące igły na jesień.

Wrzęśla meksykańska

(COWANIA MEXICANA)

Nasiona mają długie włoski, które pełnią funkcję malutkich spadochronów, pomagając w rozsiewaniu się nasion. Na ziemi wiatr zmienia zakrzywione włoski w wiertełka, dzięki czemu umożliwia im wbicie się w ziemię.

Cis krótkolistny

(TAXUS BREVIFOLIA)

Lek Taxol wykorzystywany w chemioterapii na początku był wytwarzany z tej właśnie rośliny.

Topola amerykańska

(POPULUS DELTOIDES)

Są to jedne z największych drzew o twardym drewnie w Ameryce Północnej; zazwyczaj dożywają 70–100 lat.

Surmia wielkokwiatowa

(CATALPA SPECIOSA)

Naturalnie występuje na środkowym Zachodzie, często jest sadzona jako drzewo ozdobne.

Korzeniara czerwona

(RHIZOPHORA MANGLE)

Te drzewa świetnie radzą sobie na liniach brzegowych i słonych terenach podmokłych, gdzie nie przetrwałyby inne gatunki. Ich nasiona, zanim spadną z drzewa, stają się w pełni uformowanymi dojrzałymi roślinami.

Robinia akacjowa[10]

(ROBINIA PSEUDOACACIA)

Ułożone naprzeciwko siebie listki tworzą 15–20-centymetrowe długie liście, które zamykają się w nocy.

Ostrokrzew amerykański

(ILEX OPACA)

Tylko żeńskie rośliny wytwarzają znane jagody wykorzystywane jako dekoracja świąteczna.

Głóg złotoowocowy

(CRATAEGUS CHRYSOCARPA)

Dzięki krzaczastej budowie jest schronieniem dla małych ptaków. Owoce można suszyć lub wykorzystywać do wypieków i dżemów.

Juka

(YUCCA FAXONIANA)

Ten mieszkaniec pustyni ma spiczaste liście dochodzące do 1,4 m długości i kwiatostany z kremowymi kwiatami, które mogą osiągać ponad 0,5 m.

PIĘKNA KORA

Orzesznik pięciolistkowy

(CARYA OVATA)

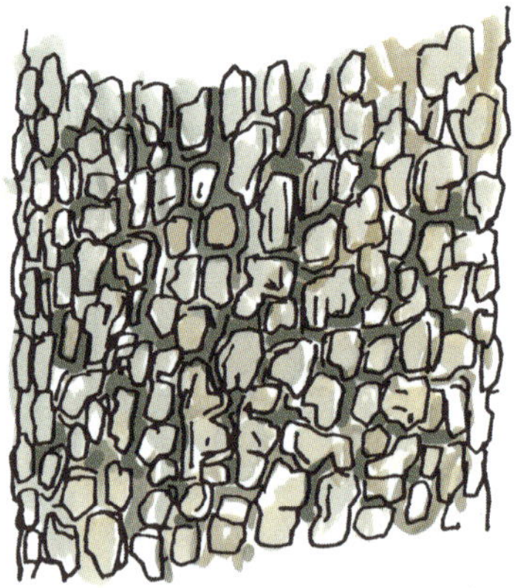

Dereń kwiecisty

(CORNUS FLORIDA)

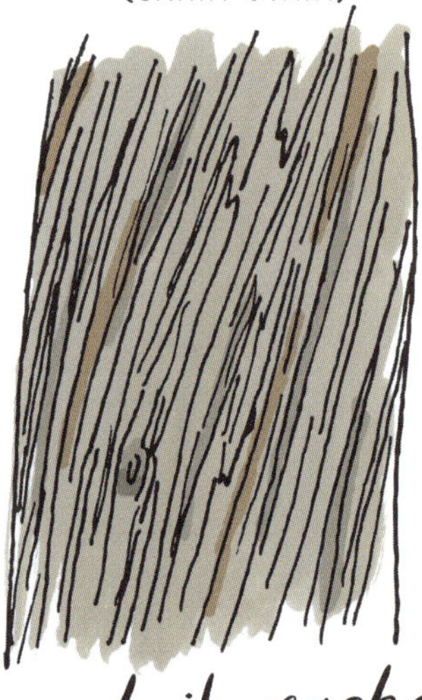

Żywotnik zachodni

(THUJA OCCIDENTALIS)

Platan zachodni

(PLATANUS OCCIDENTALIS)

Żółtodrzew

(ZANTHOXYLUM CLAVA-HERCULIS)

Topola biała

(POPULUS ALBA)

Wiąz

(ULMUS ALATA)

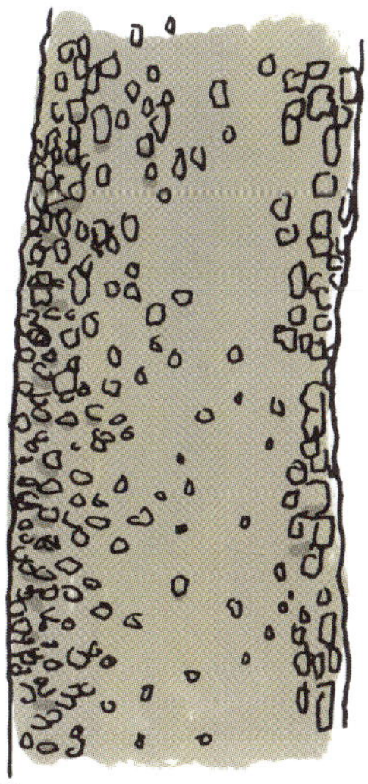

Wiązowiec zachodni

(CELTIS OCCIDENTALIS)

KWIATY, SZYSZKI, NASIONA I OWOCE DRZEW

Śliwa amerykańska
(PRUNUS AMERICANA)

Wiąz czerwony
(ULMUS RUBRA)

Wierzba różnobarwna
(SALIX DISCOLOR)

Klon jesionolistny
(ACER NEGUNDO)

Kasztanowiec gładki
(AESCULUS GLABRA)

Olsza czerwona
(ALNUS RUBRA)

Orzesznik jadalny (pekan)
(CARYA ILLINOINENSIS)

Magnolia wirgínijska
(MAGNOLIA VIRGINIANA)

Morwa czerwona
(MORUS RUBRA)
Żółtnica pomarańczowa
(MACLURA POMIFERA)
Swierk biały
(PICEA GLAUCA)
Asymina trójklapowa
(ASIMINA TRILOBA)
Jałowiec pospolity
(JUNIPERUS COMMUNIS)
Robinia akacjowa
(ROBINIA PSEUDOACACIA)
Dąb wielkoowocowy
(QUERCUS MACROCARPA)

Roślinne nadruki

NARZĘDZIA

- wałek
- farba drukarska
- paleta
- papier lub materiał do robienia odbitek
- papierowy podkład

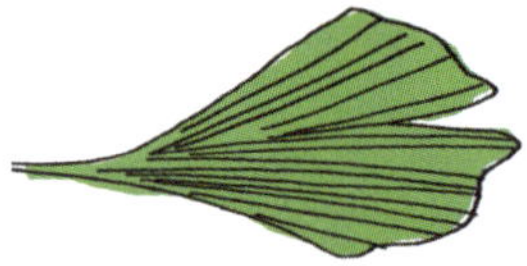

INSTRUKCJE

Zbierz ciekawe liście, gałązki, kwiaty. Upewnij się, że nie zbierasz gatunków zagrożonych lub zbyt dużej części jednej rośliny.

Nalej trochę farby na paletę, następnie przejedź po niej wałkiem w tę i z powrotem, aż wałek będzie równo pokryty farbą. Powinien wydawać „klejący" odgłos.

Połóż liść na papierowym podkładzie i przejedź wałkiem bezpośrednio po nim. Pokryj całą powierzchnię jak najbardziej równomiernie.

Przyłóż pokrytą farbą roślinę do papieru lub materiału, przyciskając całą powierzchnię, żeby mieć pewność, że się odbije. Odsłoń gotową odbitkę, odklejając powoli liść.

RADY

Eksperymentuj z naciskiem. Czasami lepsza jest bardzo delikatna odbitka niż gęsta i gruba. Spróbuj w drugą stronę, przyciskając papier do pokrytych farbą roślin i zobacz, jaka jest różnica.

Baw się tą metodą: używaj wielu elementów w tym samym kolorze lub jednego w kilku różnych kolorach albo stwórz powtarzający się wzór.

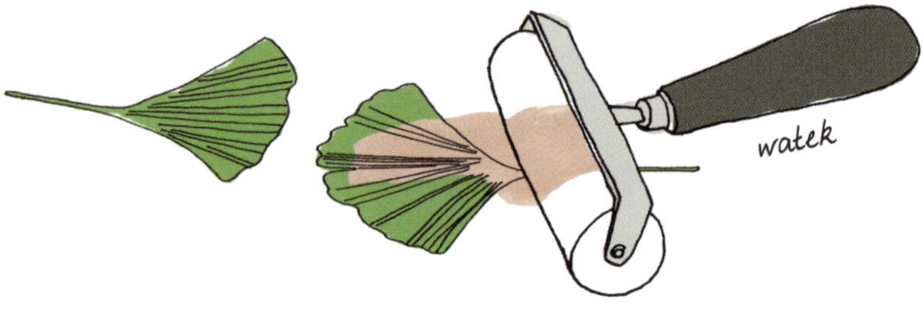

BUDOWA PAPROCI

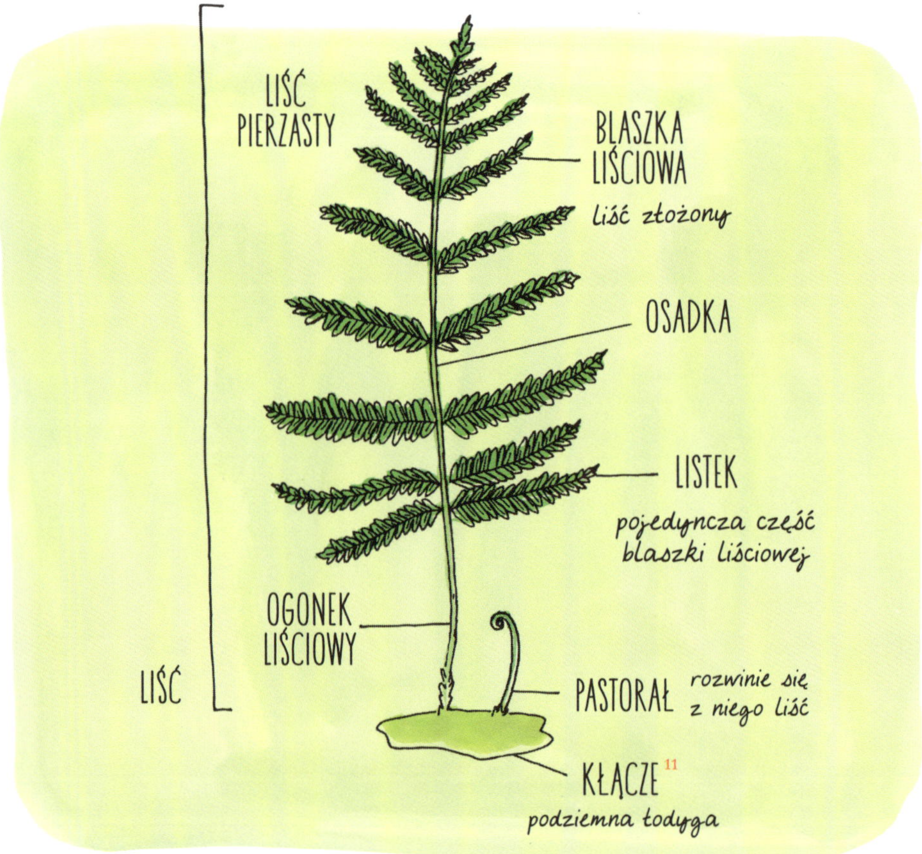

Woodwardia areolata

ZACHYLNIK NOWOJORSKI
(*Thelypteris noveboracensis*)

ZANOKCICA SKALNA
(*Asplenium trichomanes*)

PIĘKNE POROSTY

Porosty to fascynujące połączenie grzybów i glonów żyjących jako jeden organizm. Porosty nie są jasnozielone jak mchy i nie mają struktur liściastych.

Mimo że rosną na całym świecie, w środowiskach o warunkach ekstremalnych, jak pustynie, tundra arktyczna i omywane wodą brzegi, porosty są także dobrymi wskaźnikami zanieczyszczeń, bo często nie chcą rosnąć na obszarach o zanieczyszczonym miejskim powietrzu.

Szacuje się, że porosty pokrywają do 6% obszaru Ziemi.

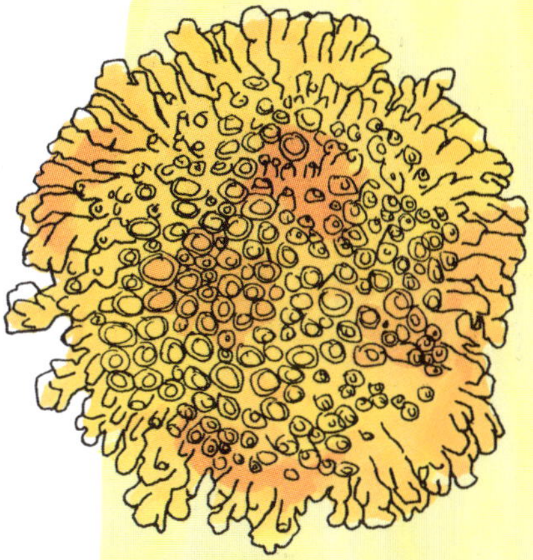

ZŁOTOROST PYSZNY
(Xanthoria elegans)

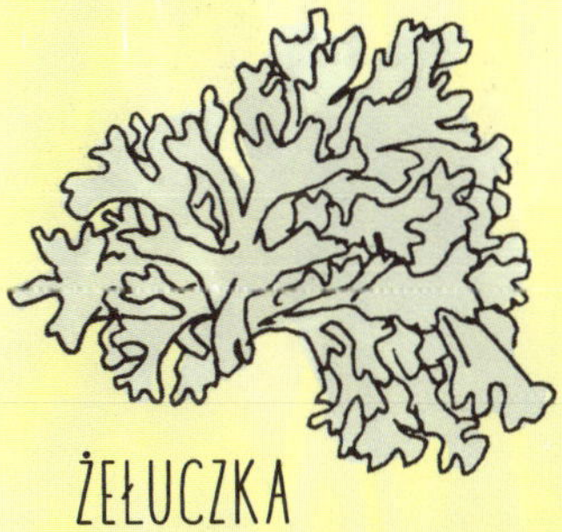

ŻEŁUCZKA
(Xanthoparmelia chlorochroa)

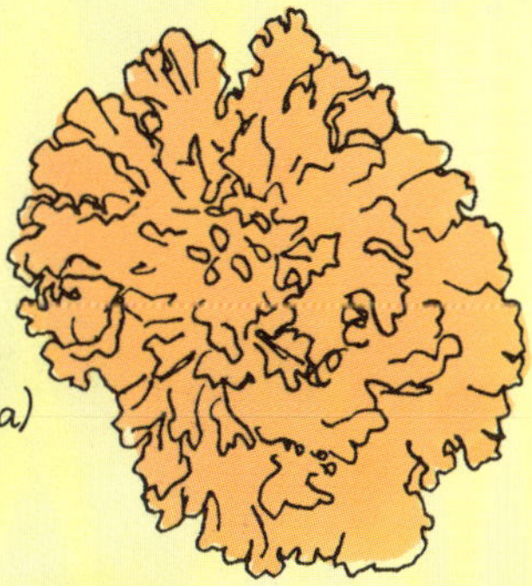

ZŁOTOROST ŚCIENNY
(Xanthoria parietina)

ŻÓŁTLICA CHROPOWATA
(Flavoparmelia caperata)

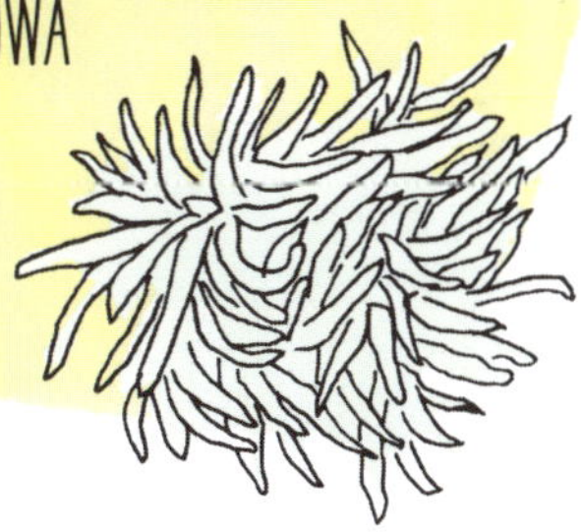

SZYDLINA RÓŻOWA
(Thamnolia vermicularis)

TAJEMNICZE MCHY

Mchy to małe, wytwarzające zarodniki rośliny o prostych liściach, które nie mają kwiatów ani nie produkują nasion. Nie mają nawet prawdziwych korzeni do wchłaniania wilgoci i składników odżywczych. Mchy rosną kępkami w zacienionych, wilgotnych miejscach. Można je często znaleźć na północnej stronie drzew.

Zapach mchów wabi drobne organizmy, takie jak roztocza i skoczogonki, które pomagają rozsiewać zarodniki.

W czasie I wojny światowej tony torfowca zostały wykorzystane w formie opatrunków do leczenia ran.

Torfowiec może wchłonąć ilość wilgoci nawet dwudziestokrotnie przekraczającą jego suchą masę.

ŻURAWIEC WĄSKOLISTNY
(*Atrichum angustatum*)

DRABIK AMERYKAŃSKI
(*Climacium americanum*)

Bryoandersonia illecebra

BIELISTKA SIWA

(*Leucobryum glaucum*)

HEDWIGA RZĘSOWATA

(Hedwigia ciliata)

PŁONNIK POSPOLITY

(Polytrichum commune)

RÓŻYCZKOPRĄTNIK POSPOLITY

(Rhodobryum roseum)

WIDŁOZĄB MIOTLASTY

(Dicranum scoparium)

NIESPORCZAKI

Niesporczaki (nazywane też niedźwiadkami wodnymi) to posiadające osiem odnóży mikroskopijne zwierzęta, żyjące często w mchach i porostach, którymi się też odżywiają. Niesporczaki są najlepiej przystosowującymi się zwierzętami świata. Mogą żyć w temperaturach od -180 do 150°C, mogą zostać wysuszone tak, że woda w ich ciałach będzie stanowić zaledwie 3%, wytrzymują ciśnienie 6000 atmosfer i dawki promieniowania, które zabiłyby każde inne zwierzę, a także mogą przeżyć w surowych warunkach przestrzeni kosmicznej. A do tego są całkiem urocze!

Grzybnia

Grzyby pobierają składniki odżywcze przez rozległe podziemne sieci białych rozgałęzionych nitek, zwanych grzybnią. To właśnie ukryta w ziemi i często brana za korzenie grzybnia jest właściwym ciałem grzybów. Grzyby są owocnikami, które pojawiają się tylko wtedy, kiedy warunki do rozsiewania zarodników są dobre.

Grzybnie odgrywają ważną rolę w rozkładzie materii roślinnej, ale mogą też tworzyć relacje symbiotyczne, nazywane mikoryzą, z korzeniami roślin. U większości roślin pobieranie fosforu i soli mineralnych zachodzi dzięki mikoryzie. W zamian grzyby mają dostęp do produkowanych przez rośliny węglowodanów.

Oszacowano, że grzybnia we wschodnim Oregonie zajmuje powierzchnię 1665 boisk do futbolu amerykańskiego i liczy sobie 2200 lat; jest ona pretendentką do tytułu największego i najstarszego organizmu na świecie.

BUDOWA GRZYBA

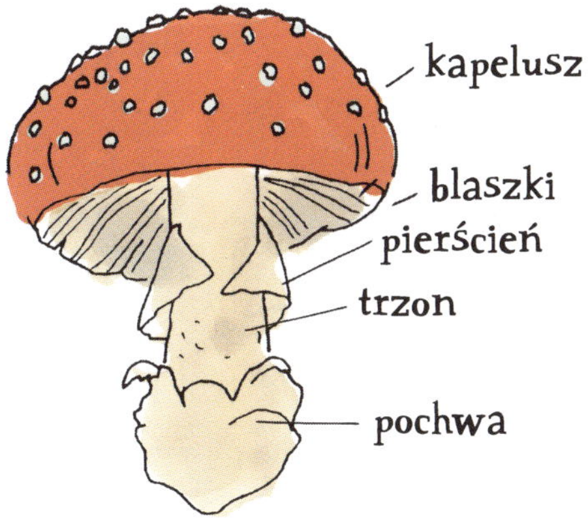

Cykl życiowy grzyba

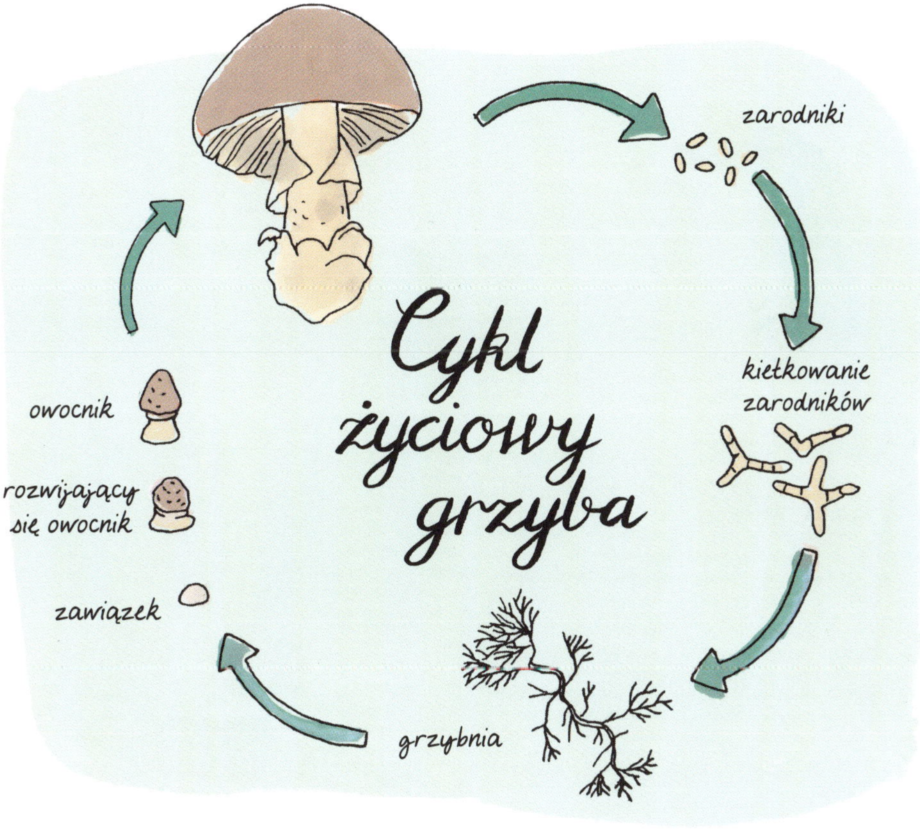

CUDOWNE GRZYBY

MAŚLAK ZWYCZAJNY

(Suillus luteus)

Zamiast blaszek, grzyb ten po spodniej stronie kapelusza ma rurki rozsiewające zarodniki.

MUCHOMOR CZERWONY

(Amanita muscaria)

Bardzo łatwo rozpoznać tego grzyba, i dobrze, bo jest on śmiertelnie trujący.

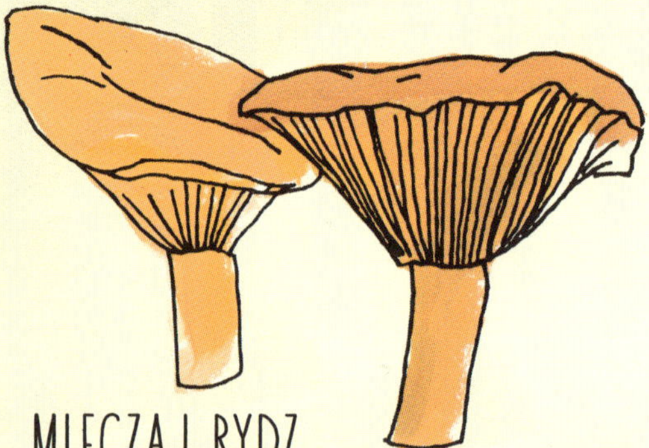

MLECZAJ RYDZ

(Lactarius deliciosus)

Ten pomarańczowy grzyb jadalny zmienia kolor na zielony, jeśli zostanie uszkodzony, a także kiedy się starzeje.

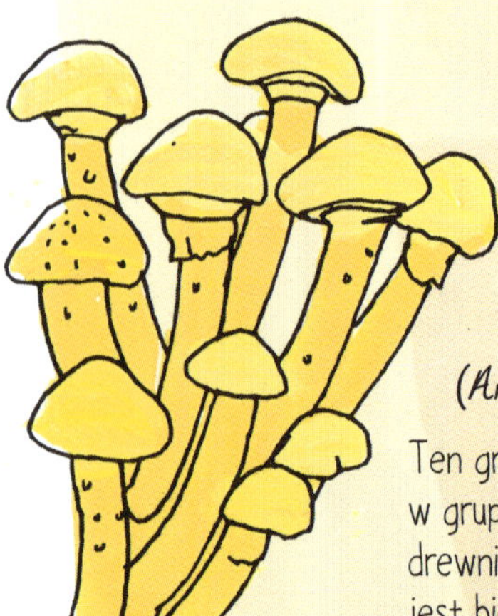

OPIEŃKA MIODOWA

(Armillaria mellea)

Ten grzyb rośnie w grupach na butwiejącym drewnie. Jego grzybnia jest bioluminescencyjna (co oznacza, że świeci w ciemnościach) i może być szkodliwa dla żyjących drzew.

BOCZNIAK OSTRYGOWATY

(Pleurotus ostreatus)

Ten wyśmienity grzyb jadalny rośnie w grupach, które przyczepiają się do drzewa, tworząc strukturę przypominającą uszy.

SROMOTNIK

(Phallus ravenelii)

Wydziela zapach zepsutego mięsa, żeby zwabić muchy i chrząszcze pomagające w rozsiewaniu zarodników.

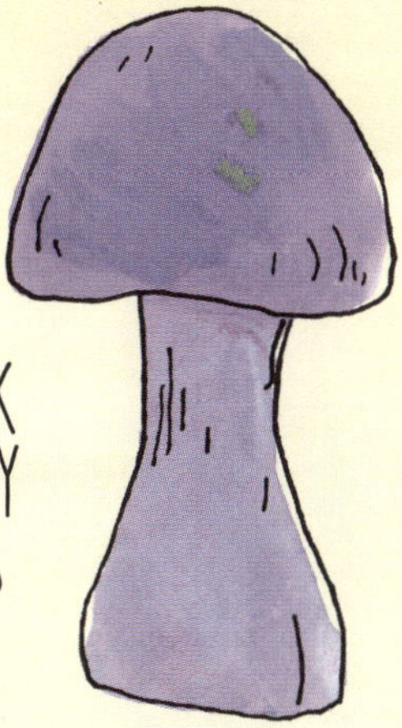

ZASŁONAK FIOLETOWY

(Cortinarius violaceus)

Jest jadalny,[12] ale niezbyt smaczny; podziwiany raczej ze względu na piękny kolor.

TRZĘSAK POMARAŃCZOWO-ŻÓŁTY

(Tremella mesenterica)

Jadalny, ale niezbyt kuszący, może wydawać się tłusty i oślizgły, czasami nazywa się go „żółtym mózgiem".

SIATKOBLASZEK

(Gomphus floccosus)

Może być trujący.

ŻAGWICA LISTKOWATA

(Grifola frondosa)

Ten smaczny grzyb rośnie w grupach na podstawie pnia dębu. Nazywany także maitake.

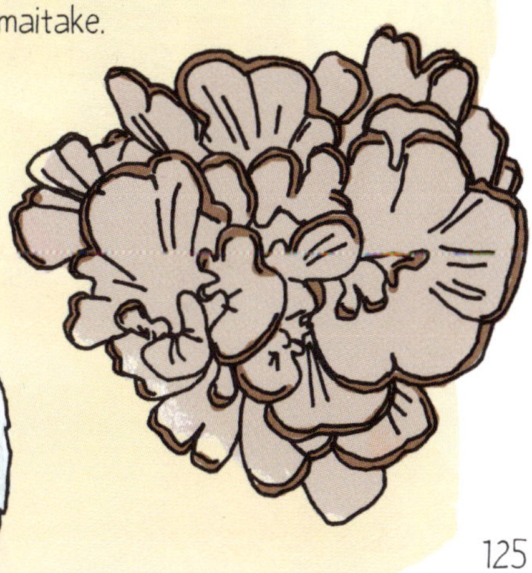

CZERNIDŁAK POSPOLITY

(Coprinopsis atramentaria)

Wydziela płyn, którego można używać jako atramentu. Jest jadalny, ale powoduje ostrą nietolerancję alkoholu.

BUTWIEJĄCA KŁODA

Martwe drzewo w podszyciu lasu może nie wyglądać na coś specjalnego, ale rozkładające się drzewo to prawdziwa gratka dla wielu roślin i zwierząt. Wiele rodzajów larw owadów przekopuje się przez butwiejące drzewo w poszukiwaniu schronienia w zimie. Ślimaki nagie i muszlowe rozkoszują się rozpadającym się drewnem, zaś z gnijących kłód wyrastają grzyby. Dżdżownice trawią duże ilości rozkładającej się materii organicznej, pozostawiając za sobą kopczyki bogate w substancje odżywcze. Wilgotne rozkładające się drzewo jest bogatą w składniki odżywcze szkółką leśną, w której porosty, mchy, kwiaty, a nawet inne drzewa mogą zapuścić korzenie i świetnie się rozwijać.

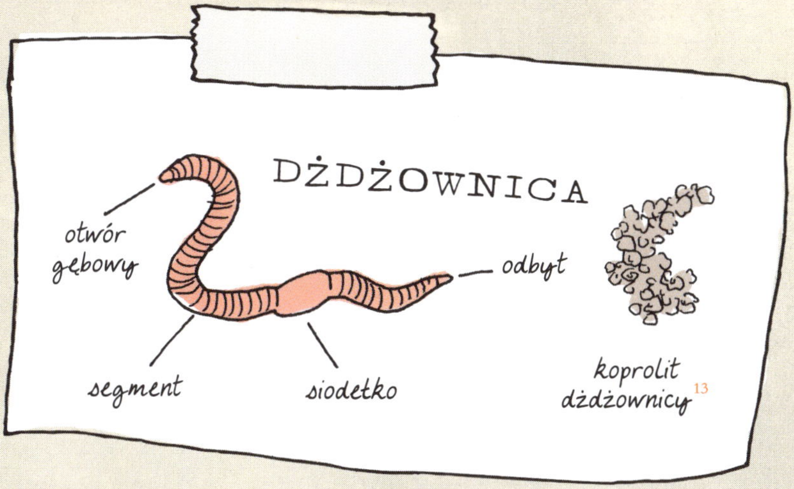
DŻDŻOWNICA
otwór gębowy
odbyt
segment
siodełko
koprolit dżdżownicy[13]

paprocie
mchy
trawy
porosty

ZBIERANIE JEDZENIA W LESIE

Pradawny zwyczaj poszukiwania w lesie orzechów, jagód i grzybów przeżywa swoje odrodzenie, a na wielu bazarkach można teraz znaleźć pastorały paproci i dziki czosnek. Do innych jadalnych roślin leśnych zalicza się żołędzie, jodłę balsamiczną i świerk (kora wewnętrzna), dereń (jagody) i aronię.

Borowiki smażone bez tłuszczu z dodatkiem szczawiku żółtego i tymianku

- 0,5 KG ŚWIEŻYCH BOROWIKÓW SZLACHETNYCH
- 2 ŁYŻKI STOŁOWE MASŁA
- 30 ML BIAŁEGO WINA
- 1 GAŁĄZKA POSIEKANEGO TYMIANKU
- LIŚCIE I KWIATY DZIKIEGO SZCZAWIKU ŻÓŁTEGO
- SÓL I PIEPRZ

BOROWIK SZLACHETNY

(*Boletus edulis*)

Gotowanie świeżych grzybów może spowodować, że staną się papkowate. Smażenie bez tłuszczu wyciąga z nich naturalny aromat, pozwala zachować konsystencję oraz sprawia, że pięknie brązowieją. To bardzo proste:

Delikatnie oczyść grzyby, używając miękkiego pędzelka do wypieków. Nie myj ich, chyba że jest to absolutnie konieczne, wówczas tylko w niewielkiej ilości zimnej wody albo używając wilgotnej ściereczki.

Pokrój grzyby na centymetrowej grubości plasterki, roztóż je na zupełnie suchej patelni i smaż na średnim ogniu. Przemieszaj od czasu do czasu, żeby nie przywarły. Kiedy grzyby zbrązowieją, a większość soków wyparuje, dodaj masło, wino i tymianek. Mieszaj i smaż przez kolejne kilka minut, aż grzyby wchłoną płyn.

Zdejmij z ognia i posyp cierpkimi kwiatami i liśćmi szczawiku żółtego (możliwe, że rośnie na twoim podwórku!). Dodaj sól i pieprz do smaku. Podawaj z risottem lub makaronem.

ROZDZIAŁ 5

Stwory i potwory

ZWIERZĘTA Z SĄSIEDZTWA

Świstak amerykański[14]

Świstak amerykański (inaczej świszcz) może wspinać się na drzewa, jeśli jest zmuszony do ucieczki.

Szop pracz[15]

Szop pracz na swoich bardzo wrażliwych łapkach ma pięć palców, ale nie ma kciuków. Jest świetnym pływakiem.

Opos

Jedyny północnoamerykański torbacz nosi swoje młode w torbie, tak samo jak kangur.

Skunks zwyczajny

Głównym wrogiem tego prowadzącego nocny tryb życia wszystkożercy jest puchacz wirginijski, który nie ma zmysłu powonienia.

Grzebacz wschodnioamerykański 16

Ten prowadzący samotniczy tryb życia kret odżywia się dżdżownicami i larwami. Jest prawie ślepy, ale za to ma świetny słuch.

BUDOWA NIETOPERZA

1. Ucho
2. Kciuk
3. Drugi palec
4. Trzeci palec
5. Czwarty palec
6. Piąty palec
7. Stopa
8. Ogon
9. Błona lotna

Nietoperze są jedynymi ssakami zdolnymi do prawdziwego lotu.

POSPOLITE PÓŁNOCNOAMERYKAŃSKIE NIETOPERZE[17]

Nietoperze stanowią 20% wszystkich sklasyfikowanych ssaków, wśród nich zidentyfikowano ponad 1000 gatunków. Owadożerne nietoperze emitują ultradźwięki, żeby określić z niebywałą dokładnością umiejscowienie swojej ofiary. Większość dużych nietoperzy je owoce, czym przyczyniają się do rozsiewania nasion i pyłku. Istnieją trzy gatunki nietoperzy wampirów, które odżywiają się krwią zwierząt, ale występują one bardzo rzadko.

MROCZEK BRUNATNY

Odżywia się głównie chrząszczami, może latać na wysokości 3000 m.

NOCEK MYSZOUCHY

Przesypia prawie 20 godzin dziennie, ale kiedy nie śpi, może złapać od 600 do 1200 owadów w godzinę.

MOLOSEK BRAZYLIJSKI

Jeden z najbardziej rozpowszechnionych na zachodniej półkuli ssaków; formuje kolonie złożone nawet z kilku milionów osobników.

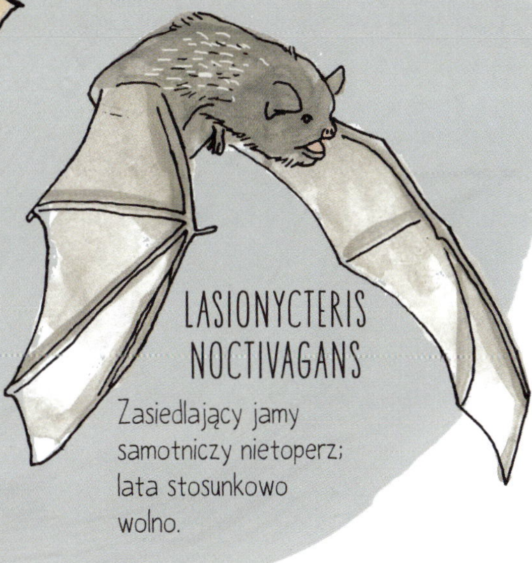

LASIONYCTERIS NOCTIVAGANS

Zasiedlający jamy samotniczy nietoperz; lata stosunkowo wolno.

WIEWIÓRKI NADRZEWNE[18]

Wiewiórka szara

Te wiewiórki są jednymi z niewielu ssaków, które umieją schodzić z drzewa głową do dołu.

Sosnówka czerwona

Ich głównym pokarmem są szyszki sosny i świerka, ale jedzą też grzyby, pąki i kwiaty, a nawet jaja ptaków.

Assapan północny

Nie są prawdziwymi lotnikami; te nocne wiewiórki przemieszczają się między drzewami lotem ślizgowym, unosząc się dzięki fałdom skórnym znajdującym się po bokach ciała. Większość lotów osiąga długość 9 m albo mniej, ale obserwowano wiewiórki przelatujące 90 m!

WIEWIÓRKI NAZIEMNE

Świstak żółtobrzuchy

Zamiast wykopywać nory, świstaki żyją między stertami kamieni na obszarach górzystych.

Nieświszczuki i świstaki wystawiają wartowników przy swoich norach, żeby wypatrywali drapieżników. Ostrzegawcze nawoływania i gwizdy mówią o tym, że zbliża się wąż lub jastrząb.

Te niezwykle społeczne zwierzęta żyją w skomplikowanych podziemnych „miastach", które mogą być domem dla kilkuset osobników podzielonych na małe rodziny.

Nieświszczuk czarnoogonowy

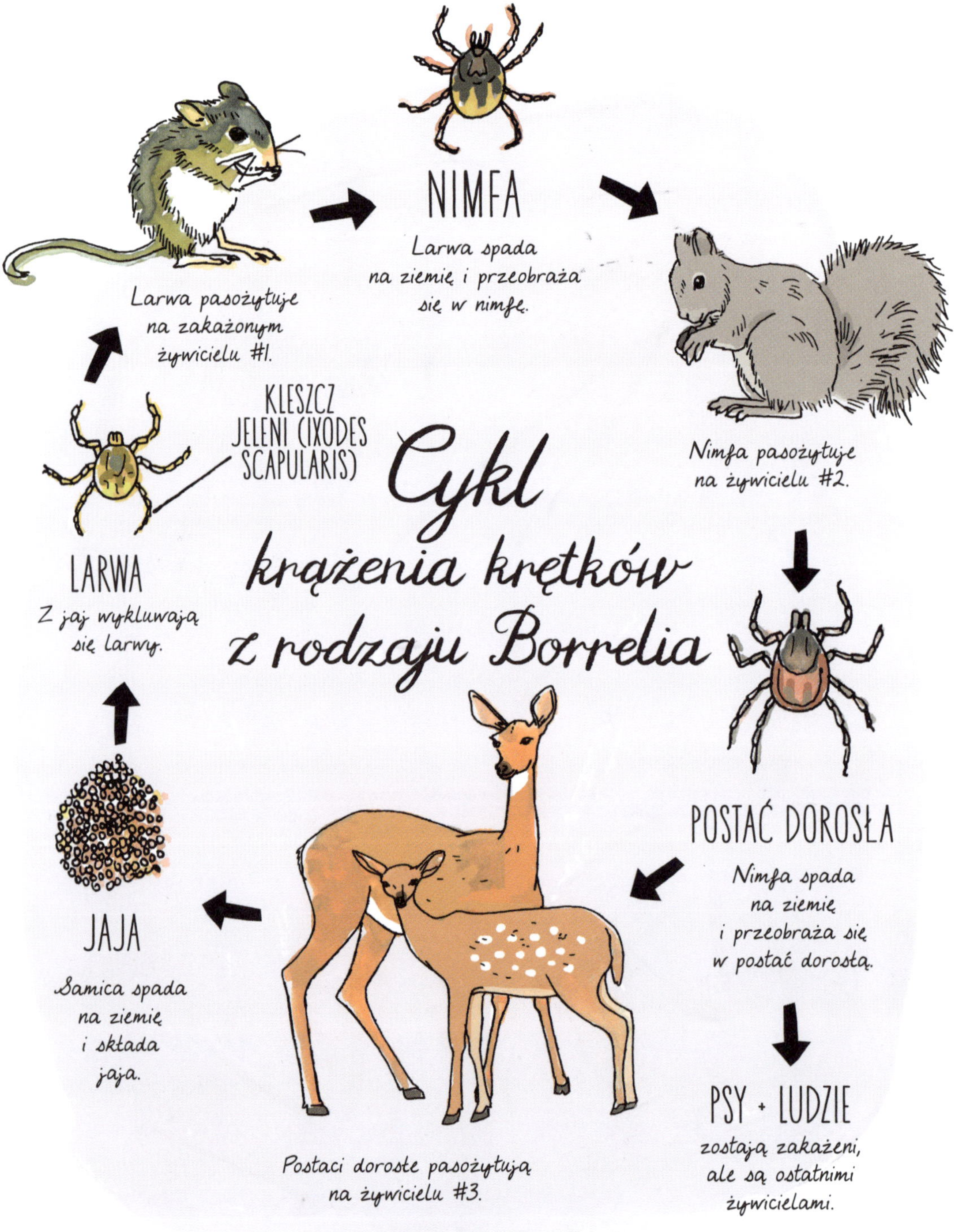
Cykl krążenia krętków z rodzaju Borrelia
NIMFA
Larwa spada na ziemię i przeobraża się w nimfę.
Nimfa pasożytuje na żywicielu #2.
POSTAĆ DOROSŁA
Nimfa spada na ziemię i przeobraża się w postać dorosłą.
PSY + LUDZIE
zostają zakażeni, ale są ostatnimi żywicielami.
Postaci dorosłe pasożytują na żywicielu #3.
JAJA
Samica spada na ziemię i składa jaja.
LARWA
Z jaj wykluwają się larwy.
KLESZCZ JELENI (IXODES SCAPULARIS)
Larwa pasożytuje na zakażonym żywicielu #1.

Niedźwiedź czarny

- waży od 45 do 270 kg
- postawione uszy
- płaski grzbiet
- zad ustawiony wyżej niż grzbiet
- zaokrąglony pysk

VS.

Niedźwiedź grizli[19]

- waży od 135 do 360 kg
- bardziej zaokrąglone, krótsze uszy
- garb na grzbiecie
- spadzisty zad
- wklęsły pysk

ZWIERZĘTA POD ZIEMIĄ

Nowik puszystoogonowy

Ze względu na zamiłowanie do błyszczących przedmiotów, nowik może czasami zbierać kapsle, monety lub kawałki folii zamiast jedzenia.

Goffer równinny

Ten mieszkaniec podziemi ma duże worki policzkowe do noszenia pożywienia i długie zęby, widoczne nawet przy zamkniętym pyszczku.

Borsuk

Borsuk tak świetnie kopie, że może się zakopać pod ziemią i ukryć w chwilę po dostrzeżeniu zagrożenia.

Pręgowiec amerykański

Pręgowiec upakowuje pożywienie do elastycznych worków policzkowych i zanosi je do swojego legowiska. Wykopuje rozległe nory z „pokojami" podzielonymi ze względu na funkcje: sypialnia, spiżarnia, toaleta, pokój dziecięcy.

Pręgowiec malutki

To najmniejszy i najbardziej rozpowszechniony północnoamerykański pręgowiec. Nie hibernuje, ale zapada w letarg czy też trwający dłuższy czas stan zmniejszonej aktywności fizjologicznej.

WĘŻE

PONCZOSZNIK
MOKASYN BŁOTNY
MOKASYN MIEDZIOGŁOWIEC
WĄŻ BŁOTNY
WĄŻ SZKARŁATNY (CEMOPHORA COCCINEA)
GRZECHOTNIK (CROTALUS OREGANUS)
= jadowite

JASZCZURKI

ANOLIS ZIELONY
LEGWAN LAMPARCI
FRYNOSOMA ROGATA
LEGWAN OBROŻNY
HELODERMA ARIZOŃSKA

DZIKIE KOTY[20]

Puma płowa

Bliżej spokrewniona z kotem domowym niż z lwem; obszar występowania pumy płowej rozciąga się od północnej Kanady do Ameryki Południowej.

Ryś kanadyjski

Żyje na zaśnieżonej Północy; łapa tego rysia może być większa niż ludzka dłoń.

Ryś rudy

Angielska nazwa „bobcat"[21] odnosi się do krótkiego, grubego ogona; ryś rudy jest mniejszy niż jego północny kuzyn i nie ma tak wyraźnych pędzelków na uszach.

DZIKIE PSY[22]

Lis rudy

Lis ma wibrysy na nogach oraz na pysku – dzięki nim znajduje drogę.

Kojot

Kojot komunikuje się za pomocą szerokiej gamy dźwięków: wycia, szczekania, warczenia, przenikliwych jęków, zawodzenia, a nawet pisków.

Wilk szary

Cała wataha troszczy się o szczeniaki spłodzone przez samca i samicę alfa.

MULAK BIAŁO-OGONOWY

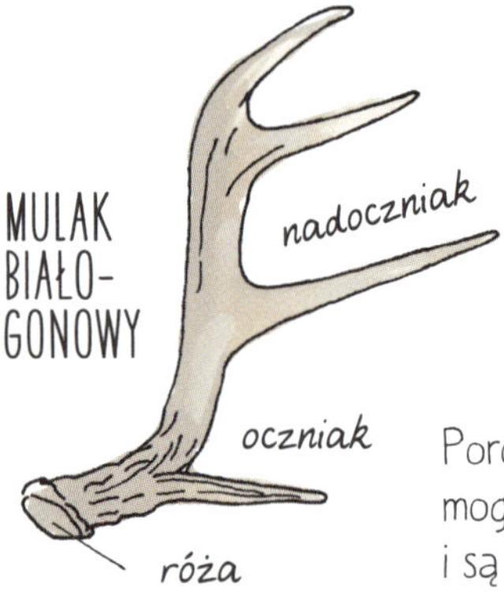

ZWIERZĘTA Z POROŻAMI[23]

Poroża tworzą warstwy chrząstki, które, zanim skostnieją, mogą przyrastać do 2,5 cm dziennie. Co roku rosną i są zrzucane; zazwyczaj występują tylko u samców.

Jeleń kanadyjski

Jeleń kanadyjski, aby się komunikować, wydaje różne dźwięki, w tym poszczekiwania, ćwierkanie i piski. Byki charakterystycznie trąbią podczas rykowiska (okresu godowego).

Renifer tundrowy

Renifer tundrowy jest znany z kopania porożem w śniegu. Może dlatego samice też mają poroże.

... I Z ROGAMI

Rogi są trwałymi wyrostkami na kostnej podstawie zbudowanymi z keratyny. Zazwyczaj wyrastają zarówno u samców, jak i u samic i mają karby, które wskazują na wiek zwierzęcia.

Owca kanadyjska

Masywne zakręcone rogi mogą ważyć 14 kg.

Widłoróg amerykański

Biega z prędkością 88 km/h; widłorogi są najszybszymi zwierzętami lądowymi obu Ameryk.

SSAKI ZIEMNO-WODNE

Łoś

Jest niebezpieczny, kiedy chroni swoje potomstwo, najczęściej można go spotkać w pobliżu północnych stawów i bagien, gdzie pożywia się roślinami wodnymi.

Żeby oszczędzać energię, byki każdej zimy zrzucają poroże, które następnie odrasta na wiosnę. Każdego roku poroże wyrasta większe niż w roku poprzednim.

Piżmak amerykański

Ogon piżmaka jest pokryty łuskami, a nie włosami, aby ułatwiać mu pływanie.

Wydrak kanadyjski

Uwielbiający zabawę i wodę wydrak zamyka uszy podczas nurkowania, kiedy poluje na ryby.

Wizon amerykański [24]

Czuje się dobrze zarówno na lądzie, jak i w wodzie. Je ryby, króliki, piżmaki i gady. Przestraszony wydziela śmierdzącą ciecz.

Tamy bobrowe

Bobry przeobrażają swoje otoczenie, budując tamy i ogromne żeremie na strumieniach i rzekach. Te duże, prowadzące nocny tryb życia gryzonie mogą, przy użyciu swoich mocnych zębów i szczęk, ściąć spore drzewo, a następnie zaciągnąć je do wody i ustawić w stabilnej pozycji. Tamy bobrowe tworzą stawy, które mogą zalać wiele akrów otaczającej ziemi, wpływając na cały ekosystem.

Bobry mają największy, zaraz po ludziach, wpływ na środowisko naturalne.

Bobrowe żeremie

Bobrowe żeremie są zbudowane z wielu ton błota i patyków, tworząc izolowany dom chroniony fosą, w którym bobry mogą przetrwać zimę, rozmnażać się i wychowywać młode.

Bobry, kiedy poczują zagrożenie, uderzają o powierzchnię wody swoimi szerokimi ogonami, wyraźnie alarmując inne okoliczne zwierzęta, które zwiększają swoją czujność.

PŁAZY OGONIASTE

Płazy ogoniaste to grupa płazów, których dorosłe osobniki mają ogony, wliczając w to traszki i syrenowate. Większość dorosłych płazów ogoniastych nie ma ani płuc, ani skrzeli. Oddychają przez skórę i przepuszczalny nabłonek jamy gębowej.

DIABEŁ BŁOTNY

Pomarszczona skóra zwiększa powierzchnię absorpcji tlenu z wody.

AMBYSTOMA TYGRYSIA

Ma paski jak tygrys i dwa wystające guzki na podeszwach stóp.

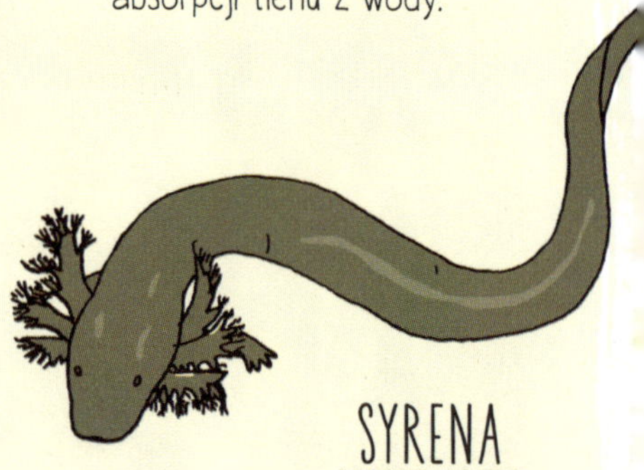

SYRENA MNIEJSZA

Przez całe życie ma widoczne skrzela.

BEZPŁUCNIK SREBRZYSTY

Wydziela obrzydliwy w smaku płyn w celu odstraszenia drapieżników.

NIBYTRYTON CZERWONY

W młodości jaskrawoczerwony, z wiekiem kolor jego skóry blaknie.

ATLANTOTRYTON ZIELONAWY'

Może regenerować utracone lub uszkodzone kończyny, oczy, szczęki i niektóre narządy wewnętrzne.

ŻÓŁWIE[25]

Skorupy żółwi są zbudowane z dziesiątek kości, w tym wyrostków kręgów i żeber.

ŻÓŁW JASZCZUROWATY

Nie może całkowicie się schować w pancerzu.

ŻÓŁWIAK KOLCOWATY

Ma płaską, skórzastą skorupę, żyje zakopany w błocie z wystającym spiczastym ryjkiem nosowym.

ŻÓŁW LEŚNY

Żywi się mięczakami, małymi zwierzętami i roślinami.

ŻÓŁW DIAMENTOWY

Samica jest niekiedy dwukrotnie większa od samca.

ŻÓŁW MALOWANY

Stadny żółw często widywany wygrzewający się z innymi osobnikami na pniach, czasami jeden na drugim.

PATENT NA PRZETRWANIE

Blarina krótkoogonowa

Ryjówkowate należą do najmniejszych ssaków na świecie. Ślina tego gatunku zawiera jad, który służy obronie oraz pomaga obezwładnić ofiarę.

Zając amerykański

Sezonowy kameleon ma całkowicie białe futro zimowe oraz brązowe futro letnie. Jego angielska nazwa „snowshoe hare"[26] pochodzi od poduszeczek ze splątanego futra, które ma na łapkach dla zachowania temperatury i łatwiejszego poruszania się na śniegu.

Urson amerykański

30 000 ostro zakończonych kolców ursona amerykańskiego to tak naprawdę zmodyfikowane włosy z zadziorami na końcach.

Rosomak

Największy członek rodziny łasicowatych, jest wystarczająco silny, żeby poradzić sobie ze zwierzętami znacznie większymi od siebie. Występuje naturalnie na dalekiej Północy, może bez problemu przemierzać długie dystanse na trudnym, zaśnieżonym terenie.

Bizon amerykański[27]

W razie ataku bizony formują krąg wokół bezbronnych cieląt, zwracając się w stronę drapieżników rogami i dobrze chronionym przodem ciała.

SSAKI MORSKIE

Mirunga północna

Świetnie nurkuje na dużych głębokościach, może pozostać pod wodą do 2 godzin. Samce dorastają do 6 m i zażarcie bronią swoich haremów. Ryczą i wyją przez długie nosy podczas okresu godowego.

Koticzak niedźwiedziowaty

Grube, luksusowe futro zapewnia tej foce izolację na zimnej Północy. Samce walczą o terytoria godowe, a kiedy zwyciężą, nie ruszają się z miejsca, poszcząc przez cały okres godowy.

Uszanka kalifornijska

Tego żywiołowego pływaka można zobaczyć, kiedy wyskakuje z wody i jeździ na falach jak surfer. Pożywia się nocą rybami i mięczakami.

Manaty

Lubią ciepłą wodę ogrzewaną przez elektrownie,[28] te powolne ssaki zdobywają pożywienie na dnie morskim, zrywając rośliny zwinnymi chwytnymi wargami.

Foka pospolita

Spędza dużo czasu na brzegu i może się rozmnażać zarówno na lądzie, jak i w wodzie. Znana z tego, że może rodzić w wodzie.

Kałan morski

Najmniejszy ssak morski spędzający większość czasu w wodzie. Aby wyjąć mięczaki ze skorupek, kałan płynie na plecach i uderza skorupkami o kamienie, które trzyma na brzuchu.

Butlonos

To społeczne zwierzę podczas polowania korzysta z echolokacji. Komunikuje się językiem ciała oraz stukaniem i piskami wydobywającymi się z dzioba i otworu nosowego. Znany jest ze swojej inteligencji i chęci do interakcji z człowiekiem, a ostatnie badania sugerują, że delfiny przekazują wiedzę kulturową z pokolenia na pokolenie.

Orka

Nie ma sobie równych w grupowych polowaniach. Orki zapędzają ryby raf koralowych do wąskich zatoczek, gdzie łatwiej jest je złapać. Polują na kilkukrotnie od nich większe walenie, ścigając je i podgryzając, aż te się poddadzą.

Morświn zwyczajny

Skomplikowane zaloty między samcami i samicami mogą obejmować intensywną wokalizację oraz figlarne poszturchiwanie.

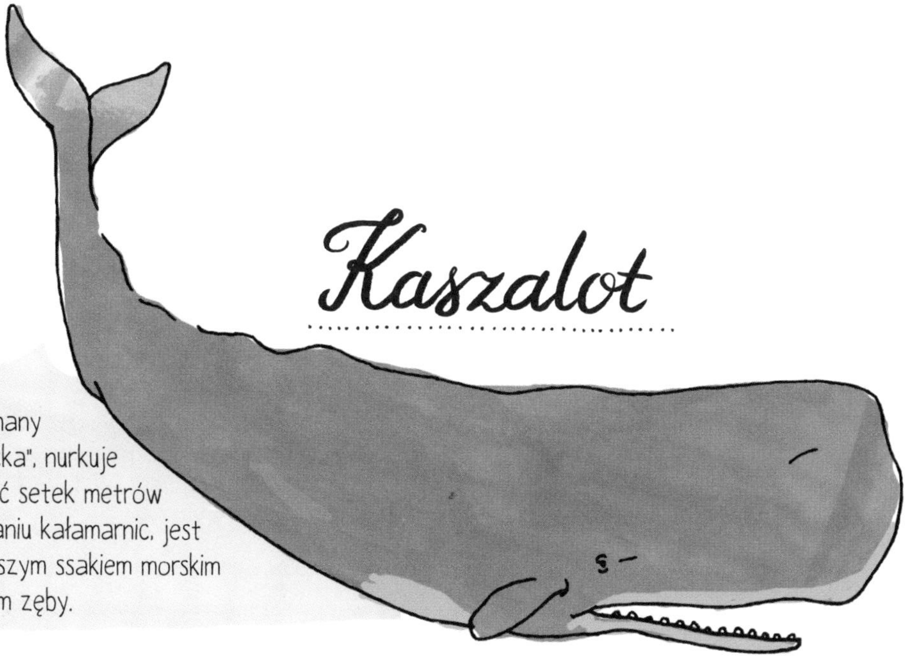

Kaszalot

Kaszalot, znany z „Moby Dicka", nurkuje na głębokość setek metrów w poszukiwaniu kałamarnic, jest też największym ssakiem morskim posiadającym zęby.

Pływacz szary

Cielę pływacza szarego waży pół tony i w momencie narodzin mierzy 4,5 m. Żywiące się mlekiem matki cielę spożywa od 750 do 1100 l tłustego mleka dziennie.

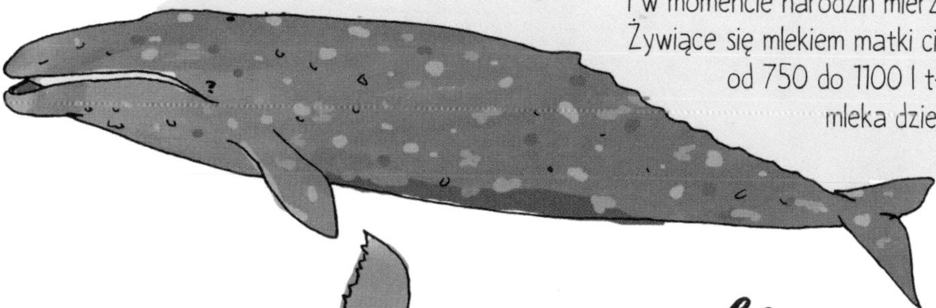

Humbak

Ten wieloryb przebywa 24 000 kilometrów rocznie między bogatymi w pokarm obszarami polarnymi a ciepłymi wodami, gdzie się rozmnaża. Nie pobiera pokarmu przez całą zimę, żyje wtedy dzięki rezerwom tłuszczowym.

ROZDZIAŁ 6

Usłyszałam głos ptaszyny

BUDOWA PTAKA

1. Ciemię
2. Kark
3. Grzbiet
4. Pręga skrzydłowa
5. Kuper
6. Ogon
7. Brzuch
8. Skok
9. Bok
10. Pierś
11. Gardło
12. Podbródek
13. Dziób
14. Kantarek [obszar między okiem i dziobem]
15. Pokrywa uszna

STADO PTAKÓW

EPOLETNIK KRASNOSKRZYDŁY

Tylko samiec ma jaskrawą kolorową plamę przy nasadzie skrzydła.

OSKOMIK CZERWONOGARDŁY

Jedną piątą jego diety stanowi sok zbierany z małych otworów zrobionych w drzewach.

FIBIK PÓŁNOCNY

Wystarczy się rozejrzeć, aby znaleźć jego gniazdo w kształcie miseczki przytwierdzone do mostu, ściany kanionu czy studni.

ŻÓŁTOLICZEK

Ten mieszkaniec pustyni buduje okrągłe gniazdo pokryte kolcami.

KOLIBEREK RUBINOBRODY

Podczas zimowych migracji do Ameryki Środkowej może bez zatrzymywania się przelecieć całą Zatokę Meksykańską.

LASÓWKA SZAROGRZBIETA

Mimo że gniazda zakłada wysoko w koronach drzew lasów bagiennych i sosnowych, ten uroczy ptaszek nie unika ludzi.

PIRANGA SZKARŁATNA

Wykonuje bardzo ważną pracę na dębach, które są jej domem, zjadając szkodniki, takie jak gąsienice i chrząszcze.

WILSONKA KANADYJSKA

Ten mały ptaszek śpiewający zakłada gniazda blisko ziemi w butwiejących pniach.

SIKORA GÓRSKA

Dobrane w pary sikory górskie mogą dołączyć do leśnego stada składającego się z kilku różnych gatunków małych ptaków.

JEMIOŁUSZKA CEDROWA

Jemiołuszki znane są z siedzenia stadami w rzędach na gałęziach i podawania sobie jagód z dzioba do dzioba aż do momentu, kiedy każdy ptak zostanie nakarmiony.

MODROWRONKA ZAROŚLOWA

Modrowronki mają współpracujące rodziny, w których młode osobniki zostają z rodzicami, pomagając karmić i doglądać kolejnych piskląt.

KOWALIK KAROLIŃSKI[29]

Jako jedyny ptak schodzi z drzew głową w dół.

RYBACZEK POPIELATY

Wydaje głośny stukoczący dźwięk, zanim zanurkuje głową w dół w jeziorze lub rzece, aby pochwycić rybę.

TYRAN RÓŻANY

W czasie toków[30] samce wykonują liczne akrobatyczne salta w powietrzu.

ORZECHÓWKA POPIELATA

Ten ptak ma wole pod językiem, gdzie mieści się do 150 nasion sosny, które są jego podstawowym pożywieniem.

GÓRALKA RÓŻOWA

Góralka lata lotem „skokowym". Polega on na tym, że zwykły lot jest przerywany nagłym ślizgowym spadaniem ze złożonymi skrzydłami.

KACYK MASKOWY

Kacyk wije charakterystyczne gniazdo o kształcie głębokiej torebki zwisającej z gałęzi.

PSTROSZKA

Podczas sezonu godowego samiec pstroszki ma o wiele bardziej rzucające się w oczy upierzenie niż samica, ale na jesień wraca do burego koloru.

MUCHOŁAP CZUBATY

Muchołap na wyściółkę gniazda preferuje skórę węża, ale może ją też zastąpić paskami z plastikowych toreb.

BŁĘKITNIK GÓRSKI

Bardzo opiekuńczy błękitnik może pozostać w gnieździe nawet, kiedy zbliżą się do niego ludzie.

STRZYŻ KAKTUSOWY

Wszystkie płyny, których potrzebuje strzyż, uzyskuje ze swojej diety opartej na owadach z dodatkiem nasion, owoców i małych gadów.

MODROSÓJKA CZARNOGŁOWA

Największa północnoamerykańska sójka, a także najgłośniejsza, jej śpiew to energetyczne: „Szeek! Szeek! Szeek!"

DZIĘCIUR KAKTUSOWY

Jego porzucone dziuple w kaktusach karnegiach olbrzymich stają się domem dla szczurów, węży i innych zwierząt.

SIKORA CUGLOWA

Sikora cuglowa wykonuje różne akrobacje podczas jedzenia: robi fikołki, kołysze się i zwisa głową w dół.

Rodzaje piór

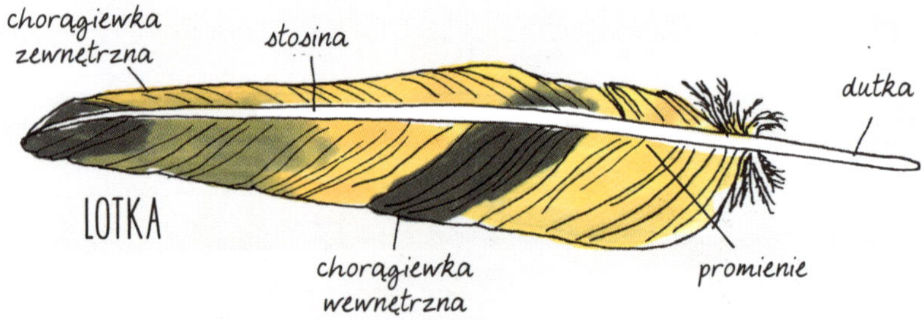

Pióra ptaka

PIĘKNE PIÓRKA
BŁOTNIAK ZBOŻOWY
SOWA ŚNIEŻNA
PUSTUŁKA AMERYKAŃSKA
DZIĘCIOŁ RÓŻOWOSZYI
BAŻANT ZWYCZAJNY
LASÓWKA ZŁOTAWA
BŁĘKITNIK MEKSYKAŃSKI

PTASIE TRELE

Nie wszystkie ptaki śpiewające z tego samego gatunku śpiewają w ten sam sposób. Populacje odizolowane geograficznie często rozwijają odmienne repertuary wokalne, które z czasem mogą stać się odrębnymi „dialektami" w obrębie tego samego gatunku.

Ptaki śpiewające raczej uczą się swojego śpiewu, a nie dziedziczą go. Mają wrodzoną zdolność do wydawania wachlarza dźwięków, ale młode ptaki uczą się śpiewać, słuchając starszych osobników.

Młode spędzają swoją pierwszą zimę, śniąc o tych pieśniach (dosłownie: badania wykazały, że „praktykują" śpiew we śnie). Na wiosnę zaczynają śpiewać na głos. Ponieważ większość ptaków śpiewających powraca każdego roku w to samo miejsce, powstają małe obszary zróżnicowanych geograficznie pieśni.

RÓŻNE TYPY GNIAZD

CZAPLA ŚNIEŻNA

Gniazda w drzewach, zbudowane z zaplecionych patyków i gałązek, cienka wyściółka.

STRZYŻYK ŚPIEWNY

Gniazdo z materii roślinnej w kształcie dołka wyściełanego różnymi materiałami: piórami, sierścią, wełną, kokonami, mchem.

PASÓWKA ŚPIEWNA

Koszyczek zbudowany z uschniętych traw, chwastów i fragmentów kory, wyścielony cienkimi trawami.

KOLIBEREK ŻAROGŁOWY

Koszyczek zbudowany z łodyg i puchu roślinnego spojonych pajęczynami, wyścielany puchem i piórami, ozdobiony porostami i mchami.

MEWA SIODŁATA

Fragmenty martwej materii organicznej, mchów, wodorostów, piór.

KRZYŻÓWKA

Gniazdo w kształcie dołka wypełnionego puchem, fragmentami roślin, trawami i liśćmi.

DYMÓWKA

Miseczka zbudowana z grudek błota i włókien, wyściełana piórami, budowana w jaskiniach lub pod krokwiami budynków.

ŻÓŁTOLICZEK

Kuliste, ocieplane gniazdo zbudowane od zewnątrz z gałązek z kolcami, wyściełane pajęczynami i delikatnymi trawami, przykrytymi grubymi warstwami piór i roślinnego puchu.

MEWA KARAIBSKA

Zbudowane wśród traw wydmowych lub w płytkim zagłębieniu w piasku, wyścielane trawami i patykami.

RUDZIK

Zbudowane z gałązek, chwastów, traw oraz sznurków, szmat i odpadów, wyścielane błotem i trawą.

LASÓWKA ZŁOTAWA

Koszyczek stworzony z łodyg, wełny i puchu roślinnego, wyścielany włóknami, bawełną i piórami, zbudowany na rozwidlonej gałęzi.

Niezwykłe jaja

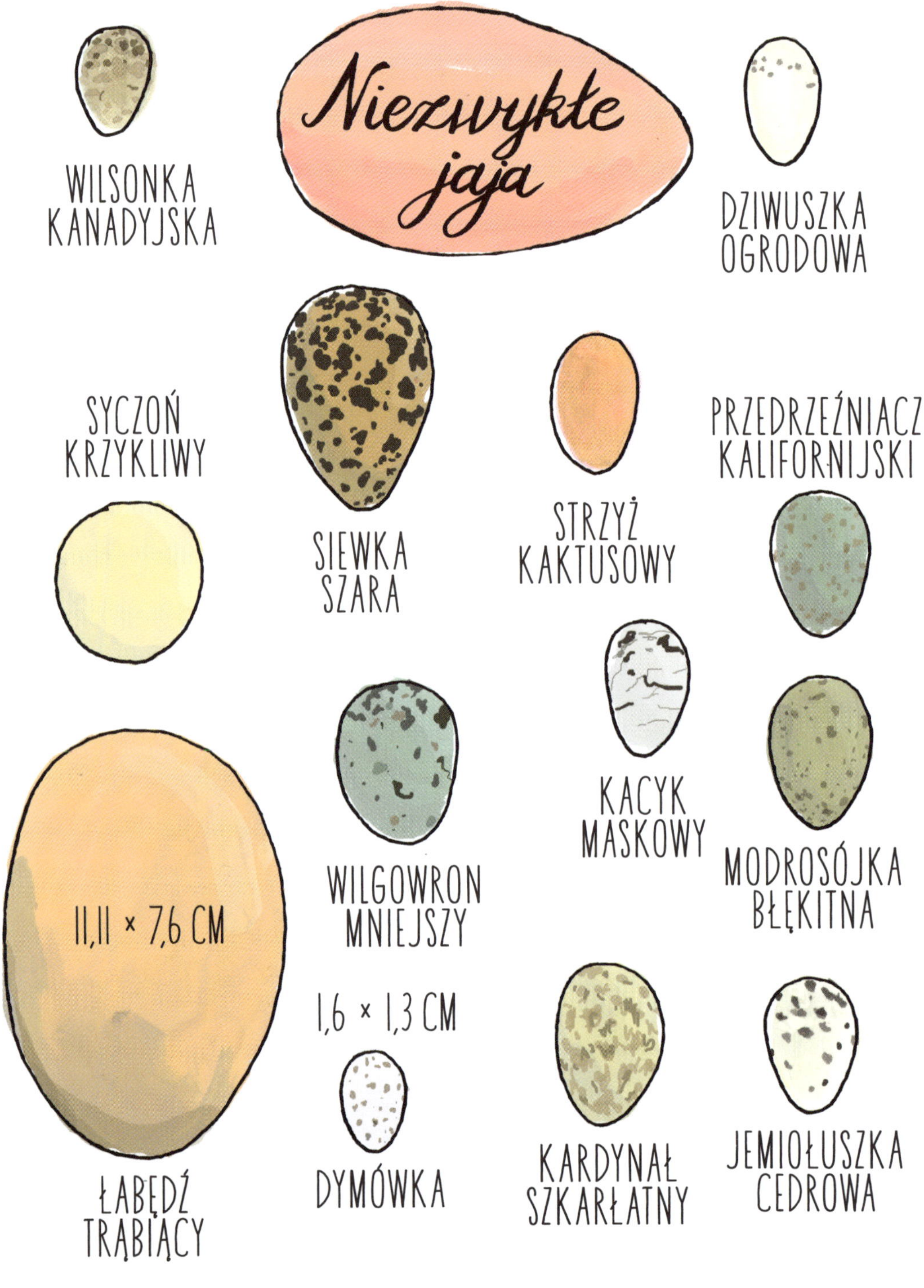

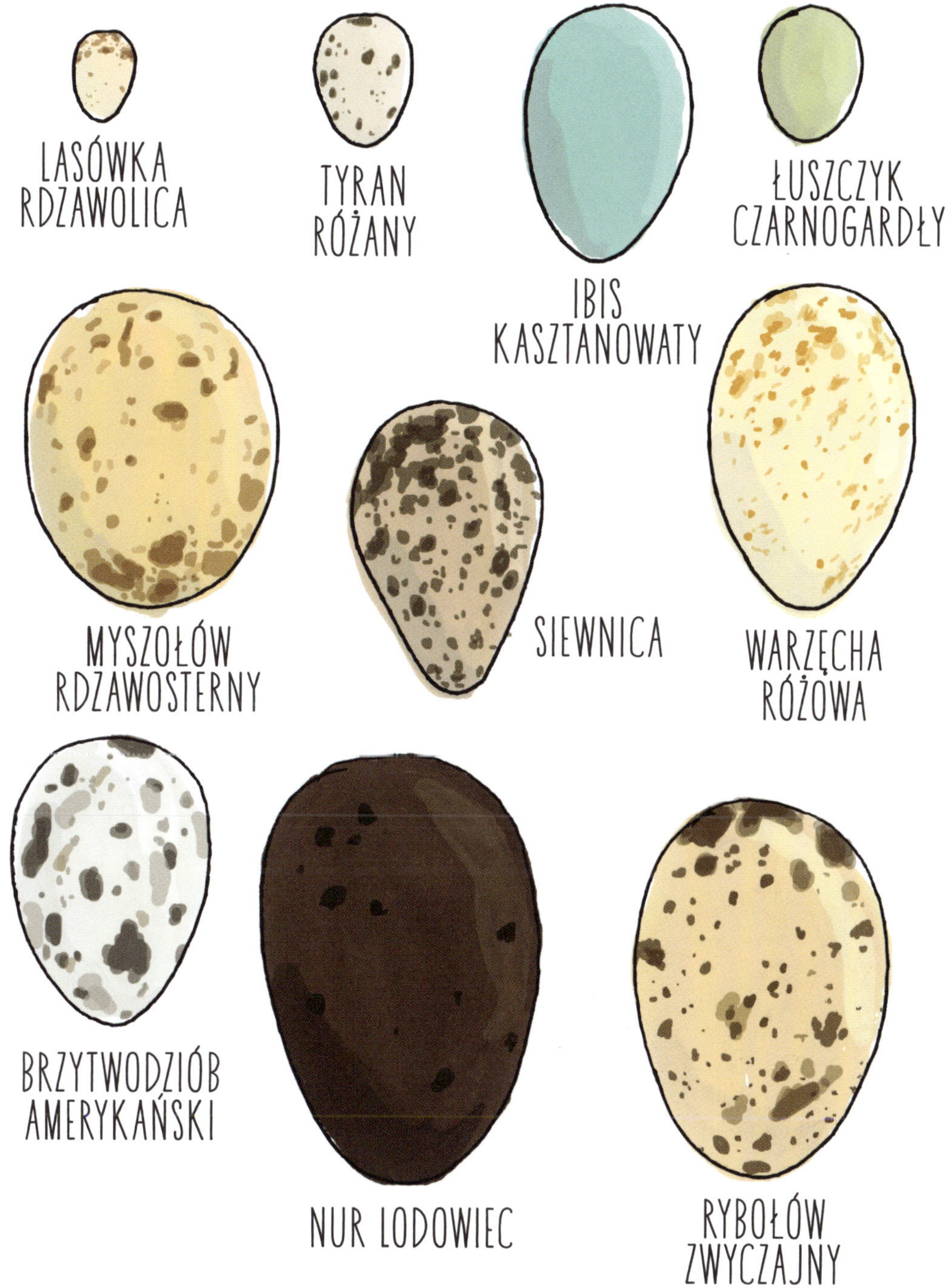
LASÓWKA RDZAWOLICA
TYRAN RÓŻANY
IBIS KASZTANOWATY
ŁUSZCZYK CZARNOGARDŁY
MYSZOŁÓW RDZAWOSTERNY
SIEWNICA
WARZĘCHA RÓŻOWA
BRZYTWODZIÓB AMERYKAŃSKI
NUR LODOWIEC
RYBOŁÓW ZWYCZAJNY

INTRYGUJĄCE PTASIE ZACHOWANIA

Zaloty

Większość gatunków ptaków przystępuje do rozrodu na wiosnę. Zachowania samców w czasie zalotów to między innymi: pieśni i tańce godowe lub akrobacje w powietrzu. Samice wybierają samców, które tymi zachowaniami dowiodą swojego zdrowia i tężyzny fizycznej, dając tym samym obietnicę zdrowego potomstwa.

Kopulacja

Zarówno samce, jak i samice mają pojedynczy otwór zwany kloaką, który służy do wydalania i rozmnażania. Samce przechowują spermę w kloace aż do momentu, kiedy samica stanie się gotowa do rozmnażania. Kiedy dochodzi do kopulacji, samiec zazwyczaj balansuje na grzbiecie samicy i wygina ciało tak, żeby jego kloaka mogła się zetknąć z jej kloaką. Kopulacja może trwać tylko sekundę albo dwie, ale jest często powtarzana.

Przeczesywanie piór

Ptaki czyszczą, wyrównują, chronią, naprawiają i uszczelniają pióra dzięki przeczesywaniu. Większość ptaków zbiera łój ze specjalnego gruczołu znajdującego się niedaleko ogona i rozprowadza go po wszystkich piórach przy użyciu dzioba, głowy i stóp. Ptaki mogą pielęgnować pióra przez kilka godzin dziennie.

Kąpiele

Ptaki czyszczą pióra i pozbywają się pasożytów dzięki kąpielom w kałużach lub płytkich zagłębieniach wypełnionych piaskiem.

Kąpiel mrówkowa

Kilka gatunków ptaków ma w zwyczaju kłaść się z rozłożonymi skrzydłami w pobliżu mrowisk, pozwalając mrówkom wchodzić między ich pióra. Mrówki wydzielają kwas mrówkowy, który odstrasza pasożyty.

Korzystanie z narzędzi

Niektóre gatunki zięb używają gałązek do wyciągania owadów z dziur w kłodach lub pniach. Wrony także to robią, a niektóre nauczyły się też otwierać orzechy, zrzucając je pod przejeżdżające samochody. Zaobserwowano również czaple wykorzystujące jako przynętę na ryby chleb pozostawiony przez ludzi karmiących kaczki.

PTAKI DRAPIEŻNE

KROGULEC ZMIENNY

Odżywia się ptakami
i małymi ssakami.

MYSZOŁÓW RDZAWOSTERNY

Poluje na małe ssaki
z powietrza lub z wysokich
stanowisk, jak drzewa lub
znaki drogowe na autostradach.

BIELIK AMERYKAŃSKI

Buduje masywne gniazda z patyków,
które często znajduje w pobliżu
wody, gdzie poluje na ryby.

SOKÓŁ WĘDROWNY

Zarejestrowano, jak pikuje
z prędkością ponad 400 km/h.

MYSZOŁÓW PRERIOWY

Poluje z ziemi na goffery, myszy, a nawet szarańcze.

ORZEŁ PRZEDNI

Wystarczająco silny, żeby upolować młodego jelenia oraz inne duże ssaki.

BŁOTNIAK ZBOŻOWY

Buduje gniazda na ziemi.

RYBOŁÓW ZWYCZAJNY

Wprawiony w polowaniu na ryby.

PUSTUŁKA AMERYKAŃSKA

Zawisa w powietrzu nad małymi ssakami, a następnie ostro pikuje w dół, aby je zabić.

SOWY

Sowy mają bardzo duże oczy, które się nie poruszają. Zamiast tego mogą one obrócić głowę o prawie 270 stopni – to o wiele więcej niż inne zwierzęta. Przednia część głowy większości sów ma kształt wklęsłej tarczy, świetnej do zbierania dźwięków wydawanych przez aktywne nocą ofiary.

SÓWECZKA

Zaledwie 15 cm wysokości, gniazduje w dziuplach w drzewach iglastych.

PÓJDŹKA ZIEMNA

Żyje w dużych podziemnych norach wyścielanych piórami i materią roślinną.

PŁOMYKÓWKA ZWYCZAJNA

Umie zlokalizować ofiarę w zupełnych ciemnościach, jedynie na podstawie dźwięku.

SYCZOŃ KRZYKLIWY

Mała sowa
z dużymi kępkami
usznymi.

PUCHACZ WIRGINIJSKI

Jedyny znany drapieżnik, który żywi się skunksami; głosy godowe pary mogą być ze sobą zestrojone.

SOWA ŚNIEŻNA

Aktywna w czasie dnia, często
nie boi się ludzi.

DUŻE PTAKI

KONDOR KALIFORNIJSKI

Dzięki rozpiętości skrzydeł wynoszącej 3 m jest on największym ptakiem lądowym w Ameryce Północnej. To gatunek zagrożony, na wolności żyje jedynie kilka setek reintrodukowanych[31] osobników.

SĘPNIK RÓŻOWOGŁOWY

Mistrz szybowania o rozpiętości skrzydeł wynoszącej prawie 2 m; sępniki wykorzystują dobre powonienie do znajdowania swojego głównego pożywienia: gnijącej padliny.

ŻURAW KRZYKLIWY

Najwyższy północnoamerykański ptak; żuraw krzykliwy zawdzięcza swoją nazwę niepowtarzalnemu głosowi. Na wolności pozostało mniej niż 500 osobników.

FLAMING KARMAZYNOWY

Ptaki te mogą dożywać do czterdziestu lat. Swoje różowe zabarwienie zawdzięczają barwnikowi ze skorupiaków z rodzaju Artemia, którymi się żywią.

Rodzaje dziobów

PASÓWKA BIAŁOGARDŁA

Świetnie nadaje się do rozłupywania nasion oraz dziobania kory w celu odsłonięcia ukrytych owadów.

RYBACZEK OBROŻNY

Klinowaty, dzięki niemu ptak zanurza się w wodzie bez plusku.

KRZYŻÓWKA

Wykorzystywany do odcedzania wody.

BIELIK AMERYKAŃSKI

Haczykowaty, do rozszarpywania ofiary.

KRZYŻODZIÓB ŚWIERKOWY

Pomaga rozchylać łuski szyszek.

KOLIBEREK RUBINOBRODY

Długi, umożliwia dotarcie w głąb kwiatu.

WARZĘCHA

Warzęcha omiata wodę częściowo otwartym dziobem, aby znaleźć ofiarę, a następnie zamyka dziób, żeby ją złapać.

PTAKI WODNE

BERNIKLA KANADYJSKA
RYBACZEK POPIELATY
PELIKAN BRUNATNY
KULIK DŁUGODZIOBY
SIEWECZKA
OSTRYGOJAD

WARZĘCHA RÓŻOWA
CZAPLA MODRA
GŁOWIENKA DŁUGODZIOBA
ŁABĘDŹ NIEMY
BĄK
KORMORAN

ROZDZIAŁ 7

Jak ryba w wodzie

AKWENY

Ocean

Rozległy obszar słonej wody pokrywający prawie dwie trzecie powierzchni Ziemi.

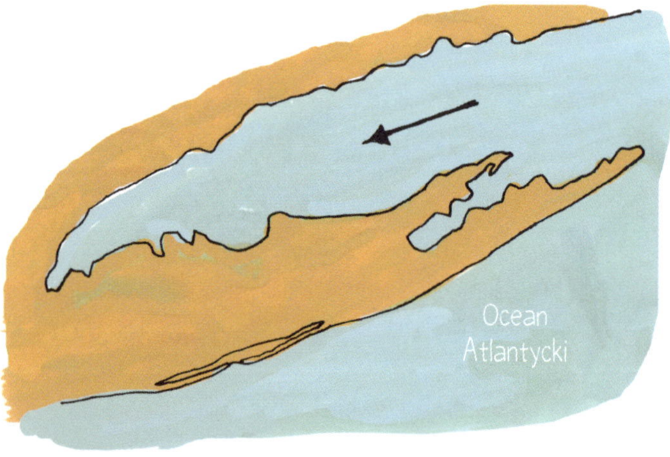

Cieśnina

Wąski pas wody łączący dwa większe zbiorniki wodne.

Morze

Duży zbiornik słonej wody, który jest mniejszy od oceanu i czasami ograniczony lądem.

Zatoka

Szeroka odnoga morska częściowo otoczona przez ląd.

Zatoczka

Mała zatoka.

Basen pływowy

Kamienne nabrzeżne zbiorniki wodne ze słoną wodą, które zostają odseparowane od oceanu podczas odpływu.

Staw

Zbiornik ze stojącą wodą, zbyt mały, aby tworzyły się na nim fale czy różnice temperatur zależne od głębokości.

Jezioro

Zbiornik ze stojącą wodą większy niż staw.

Mokradło

Teren podmokły obrośnięty roślinami zielnymi, ale nie drzewami.

Rzeka

Naturalny ciek wodny, który spływa do jakiegoś akwenu.

Strumień

Mały lub średni ciek wodny płynący między dwoma brzegami.

Potok

Mały strumień.

EKOSYSTEM STAWU

Bogactwo organizmów żywych w ekosystemie stawu można zaklasyfikować do trzech grup: PRODUCENTÓW, KONSUMENTÓW i REDUCENTÓW.

Rośliny korzystające z energii słonecznej są głównymi PRODUCENTAMI w stawach.

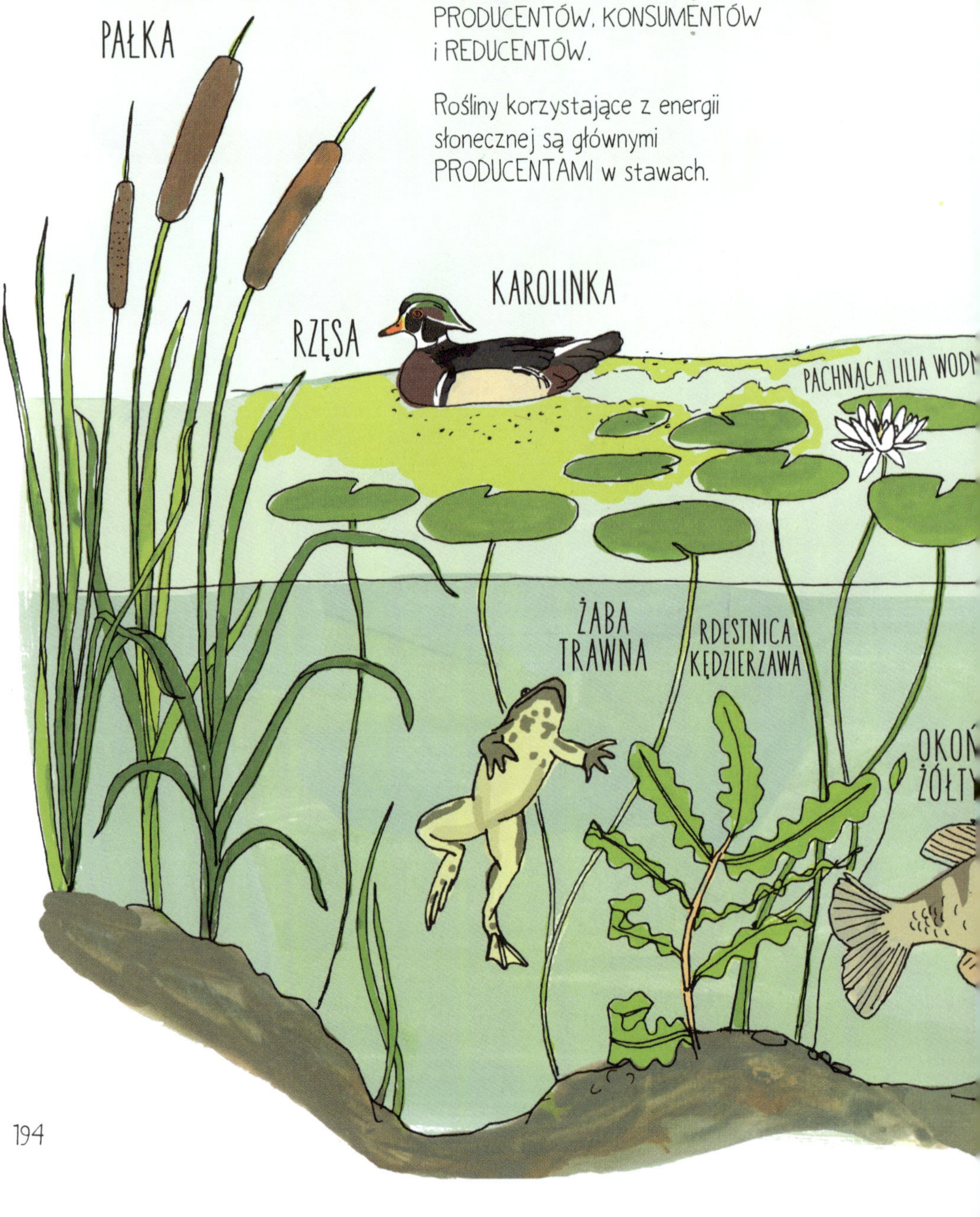

Różnorodność i obfitość organizmów żywych w stawach przyciąga dzikie zwierzęta żyjące ponad powierzchnią wody.

KONSUMENCI to zwierzęta, które żywią się roślinami lub mniejszymi zwierzętami.

REDUCENCI to bakterie i grzyby pobierające składniki odżywcze z rozkładu materii organicznej pochodzącej od roślin i zwierząt; często żyją w mulistym dnie stawu.

KILKA RYB SŁODKOWODNYCH

BASS ZIELONY

Buduje gniazdo na ikrę, którego agresywnie broni.

SZCZUPAK AMERYKAŃSKI

Ma szeroki pysk z ostrymi jak igły zębami.

SUMIK KANAŁOWY

Ma kubki smakowe na całym ciele, dzięki czemu łatwiej znajduje pożywienie w mętnej wodzie.

OKOŃ ŻÓŁTY

Żyje blisko brzegu wśród wodorostów, odżywia się owadami i małymi rybami, przejawia zachowania kanibalistyczne.

PALIA JEZIOROWA

Rośnie powoli, preferuje zimną wodę.

BASS WIELKOGĘBOWY

Może zjeść ofiarę wielkości połowy jego ciała.

Cykl życiowy łososia

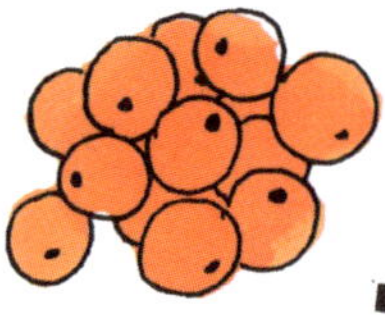

JAJA

Na jesień w kamienistym dnie słodkiej rzecznej wody samice łososia wykopują ogonami jamki, zwane gniazdami tarłowymi. Tam składają ikrę. Samce łososia polewają ikrę spermą, zwaną mleczem.

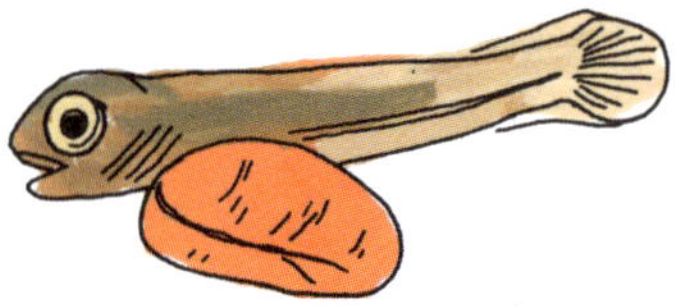

LARWA

Po upływie 6 do 12 tygodni z jaj wykluwają się maleńkie łososie, zwane larwami. Larwy ukrywają się wśród kamieni i przez kilka tygodni pobierają składniki odżywcze z przyłączonego woreczka żółtkowego.

WYLĘG PŁYWAJĄCY

Kiedy woreczek żółtkowy zostanie skonsumowany, młode łososie, nazywane teraz wylęgiem pływającym, wyłaniają się z ukrycia i zaczynają się żywić maleńkimi bezkręgowcami, a nawet ciałami martwych dorosłych łososi.

PARR

Stadium parr to ponadroczne łososie, które nie są jeszcze osobnikami dorosłymi. Pozostają w słodkiej wodzie przez rok do trzech lat, odżywiając się owadami.

SMOLT

Łososie przechodzą przemianę rozwojową, zwaną smoltyfikacją, która pozwala im na życie w słonej wodzie. Smolty opuszczają rzeki i przemieszczają się do oceanu.

OSOBNIK DOROSŁY

W otwartym oceanie dorosły łosoś żywi się rybami od roku do czterech lat. Zanim powróci do swojej rodzimej rzeki, zwiększa swoją masę.

TARLAK

Dorosłe osobniki powracają w miejsce swojego urodzenia, aby się rozmnażać; muszą przejść przemianę, aby ponownie przystosować się do słodkiej wody. Ich srebrne ciała ciemnieją, kiedy użytkują energię na produkcję ikry i mlecza. Niedługo po tarle dorosły łosoś umiera, tworząc bogate źródło pożywienia dla innych zwierząt, w tym swojego przyszłego potomstwa.

OWADY WODNE

JĘTKA

Ponieważ dorosły osobnik żyje bardzo krótko, w niektórych językach jętka jest nazywana jednodniówką.

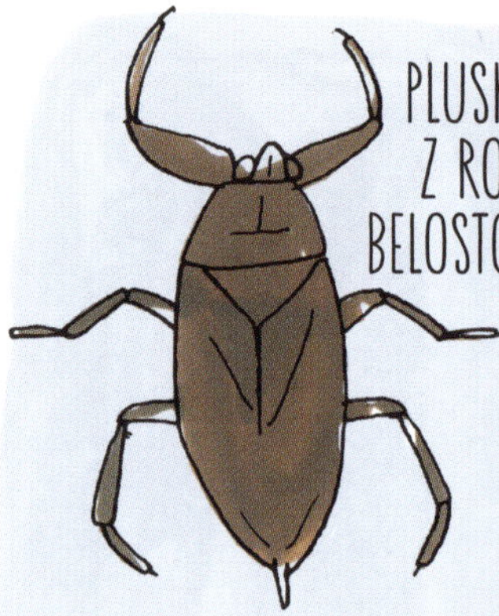

PLUSKWIAKI Z RODZINY BELOSTOMATIDAE

Jaja są składane na skrzydła samca, który następnie nosi je na plecach aż do wyklucia potomstwa.

NARTNIKOWATE

Włoski na ich ciałach odpychają krople wody, dzięki czemu owady te mogą ślizgać się po powierzchni wody.

WIOŚLAKOWATE

Długie, płaskie ciała umożliwiają im pływanie przy dnie stawów i strumieni.

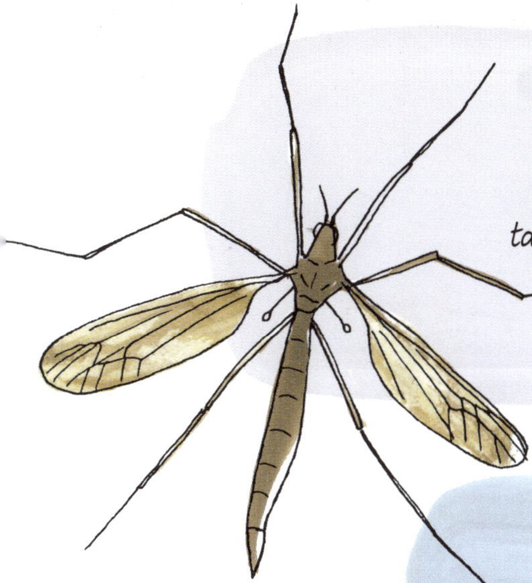

KOMARNICE

Niektóre dorosłe osobniki żyją tak krótko (10–15 dni), że w ogóle nigdy nie jedzą.

WAŻKI RÓWNOSKRZYDŁE

W przeciwieństwie do ważek różnoskrzydłych w spoczynku składają skrzydła razem.

LARWY ZE SZCZURZYMI OGONKAMI

Larwy gnojki wytrwałej są często wykorzystywane jako przynęta w wędkarstwie podlodowym.

CHRZĄSZCZE PŁYWAKOWATE

W krajach takich jak Meksyk, Japonia, Chiny, Tajwan i Tajlandia ludzie jedzą duże chrząszcze.

ROPUCHA vs. ŻABA

ROPUCHA	ŻABA
krótkie nogi służące do chodzenia i podskakiwania	długie nogi służące do skakania i pływania
sucha, brodawkowata skóra	gładka, wilgotna skóra
przebywa głównie na lądzie	przebywa głównie w wodzie
nie ma zębów	drobniutkie, ostre, stożkowate zęby w górnej szczęce
oczy nie są wyłupiaste	wyłupiaste oczy
je owady, nagie ślimaki i dżdżownice	je owady, ślimaki, dżdżownice i drobne rybki

Cykl życiowy żaby

ampleksus

Po głośnych i skomplikowanych wiosennych zalotach żaby pozostają w wodzie, w mogącym trwać kilka dni uścisku nazywanym ampleksus.

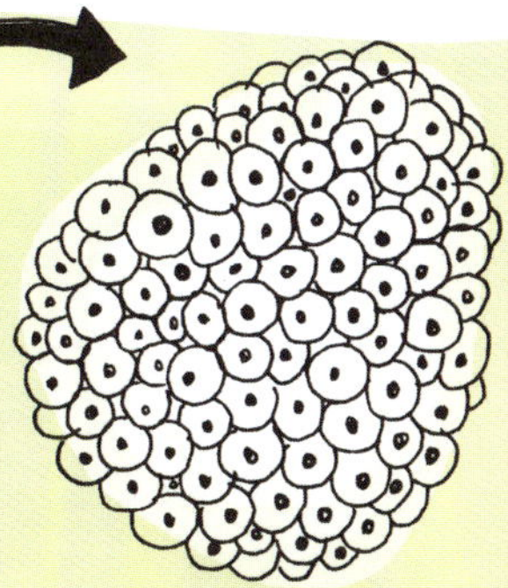

skrzek żaby

Samice żab składają lepkie pakiety jaj w spokojnej wodzie.

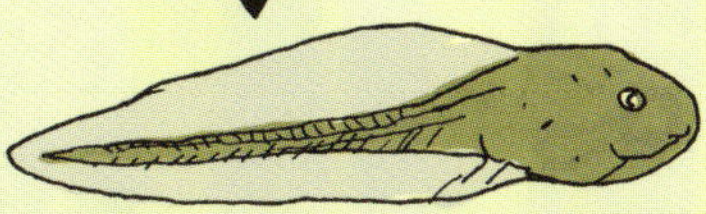

Kijanki pojawiają się po jednym lub dwóch tygodniach.

Kijanki mają skrzela. Mogą przywierać do roślin do czasu, kiedy będą wystarczająco silne, żeby pływać i odżywiać się glonami.

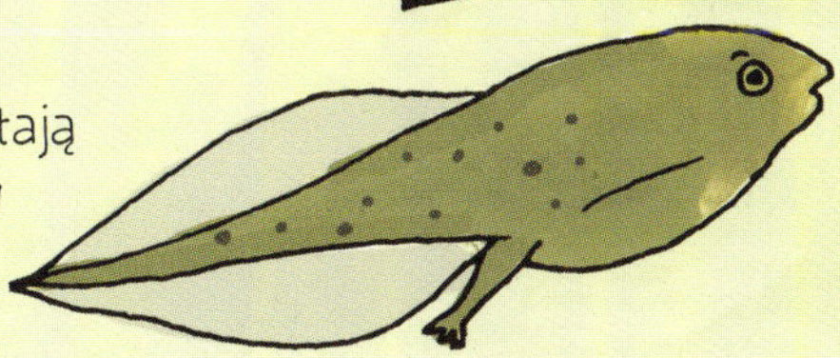

W sześć do dziewięciu tygodni po wykluciu z obu stron kijanki wyrastają ramiona i nogi, przy czym najpierw w otworach w skórze pojawiają się stawy kończyn.

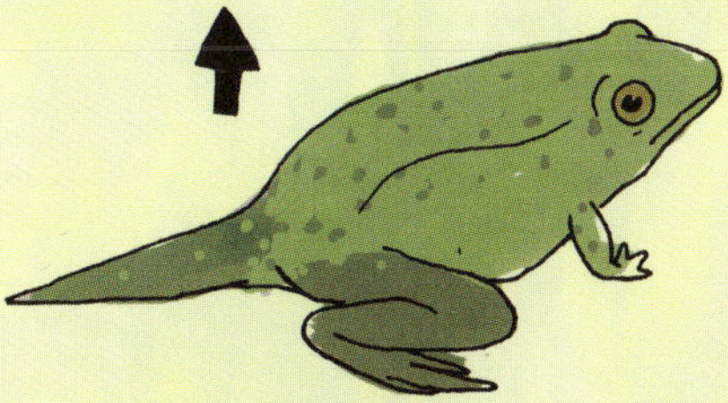

W dziewiątym tygodniu wyglądają jak malutkie żabki z długimi ogonami.

W dwunastym tygodniu małe żabki wchłoną ogon poza jego końcówką.

EKOSYSTEM STREFY PŁYWÓW

Niewielka zmiana wysokości skutkuje znaczną zmianą w składzie gatunkowym w strefie pływów.

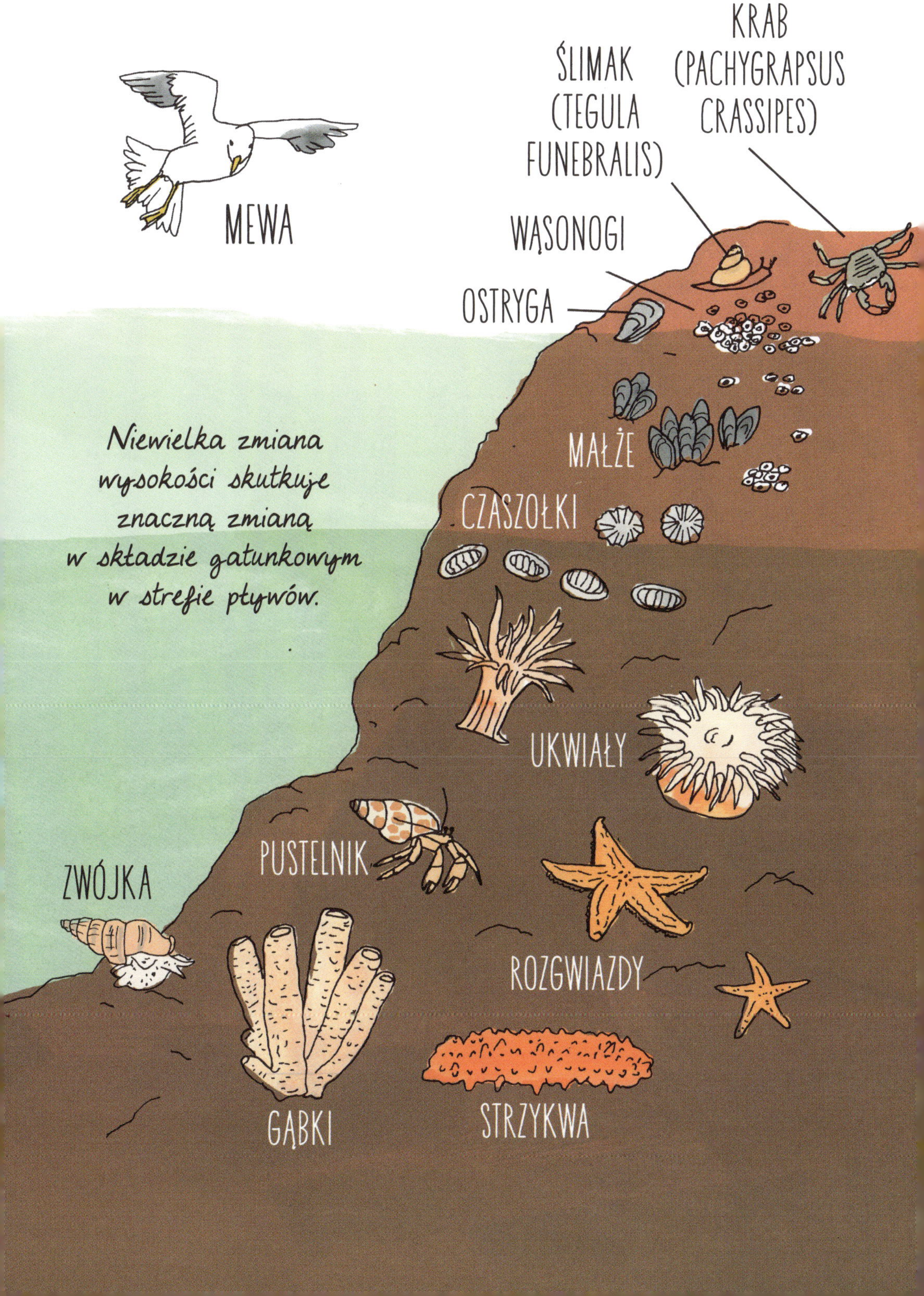

FANTASTYCZNE RYBY SŁONOWODNE

PENSETNIK DWUOKI

Przypominająca ciemne oko plamka na płetwie ogonowej myli drapieżniki, które nie są w stanie stwierdzić, w którą stronę ryba będzie płynąć.

SZPADELEK KARAIBSKI

Młode ryby są czarne i czasami dryfują na boku, udając odpady, dzięki czemu mogą się ukryć przed drapieżnikami.

PŁAWIKONIK (HIPPOCAMPUS ZOSTERAE)

Jest to najwolniej poruszająca się ryba (ok. 1,5 m/h). Samiec nosi rozwijające się potomstwo w kieszeni do momentu, kiedy się usamodzielni.

IGLICZNIE

Krewni pławikoników; są to długie, wolno poruszające się ryby, które do pływania przeważnie używają tylko płetwy ogonowej.

Ta ryba może zmieniać kolor w zależności od tego, co robi: je, grupuje się z innymi rybami czy np. odpoczywa.

BARWENOWATA

ROZDYMKOWATA (NAPOMPOWANA)

Wciąga wodę, zmieniając się w dużą, kolczastą piłkę, aby odstraszyć drapieżniki.

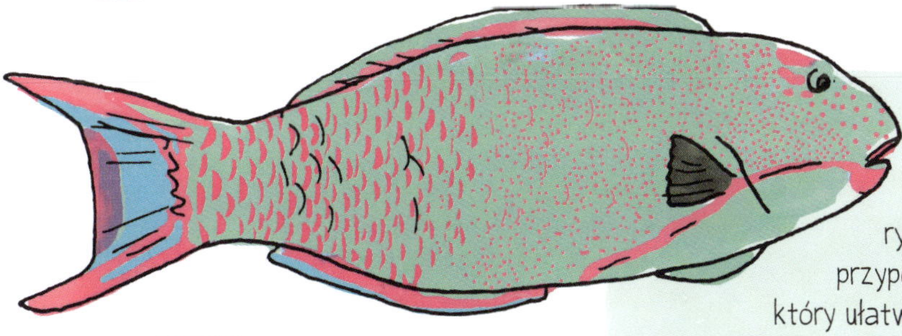

SKARUSOWATA

Ta kolorowa ryba ma pysk przypominający dziób, który ułatwia zeskrobywanie glonów i koralowców stanowiących część jej diety.

LYTHRYPNUS DALLI

Ta ryba może zmieniać płeć w zależności od zapotrzebowania w jej ławicy.

BUDOWA MEDUZY

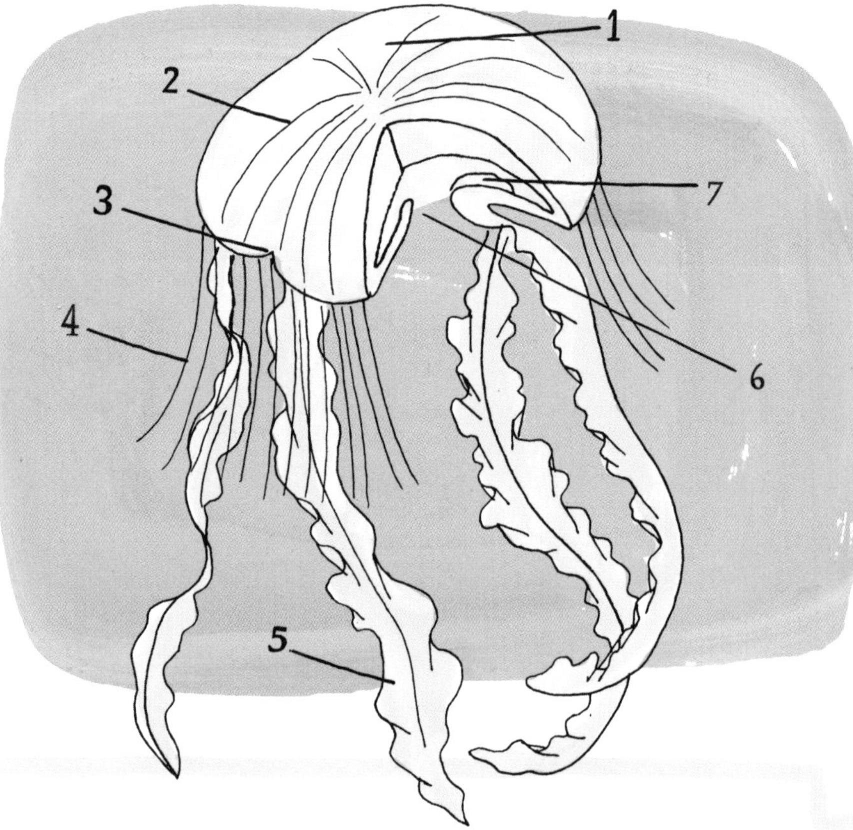

1. Dzwon – parasolowate ciało, które kurczy się i wyrzuca wodę z jamy znajdującej się wewnątrz, dzięki czemu meduza się porusza

2. Kanały – wiele rurek biegnących wzdłuż dzwonu rozprowadzających składniki odżywcze po ciele, co jest elementem procesu zwanego trawieniem zewnątrzkomórkowym

3. Ciałko brzeżne – światłoczuła plamka na brzegu dzwona

4. Czułki brzeżne – narząd dotykowy

5. Ramię [płat gębowy] – wstrzykuje ofierze truciznę

6. Otwór gębowy – tędy ofiara dostaje się do jamy gastralnej

7. Gonada – narządy rozrodcze produkujące spermę i/lub komórki jajowe

BEŁTWA FESTONOWA

Jest to największy znany gatunek z czułkami dochodzącymi do 30 m długości.

CHEŁBIA MODRA

Zwykle trzyma się blisko powierzchni wody, co czyni ją łatwą zdobyczą dla dużych ryb, żółwi i sporadycznie ptaków morskich.

MEDUZA KOMPASOWA

W przeciwieństwie do innych gatunków meduz, które jedzą tylko plankton, wiadomo, że meduzy kompasowe polują na małe rybki, drobne bezkręgowce, w tym larwy komarów, parząc je swoim mocnym jadem.

ŻEGLARZ PORTUGALSKI

Nie jest to meduza, ale rurkopław, organizm zbudowany z wielu wysoko wyspecjalizowanych maleńkich pojedynczych zooidów.

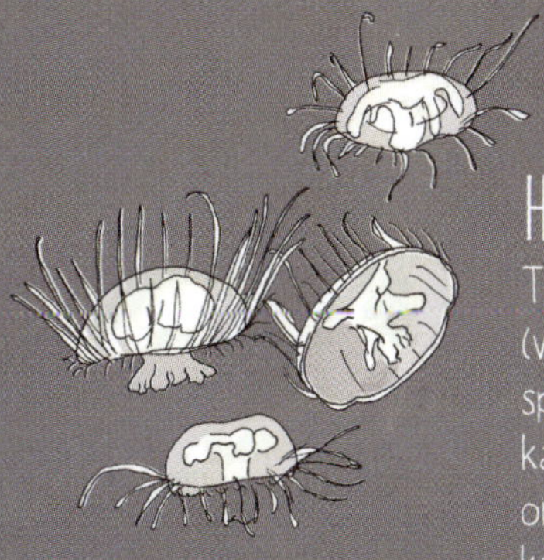

HEDERYKA RYDERA

Tę maleńką meduzę (wielkości 2,5 cm) można spotkać w prawie każdym stanie USA oraz na prawie każdym kontynencie.

NA PIASKU

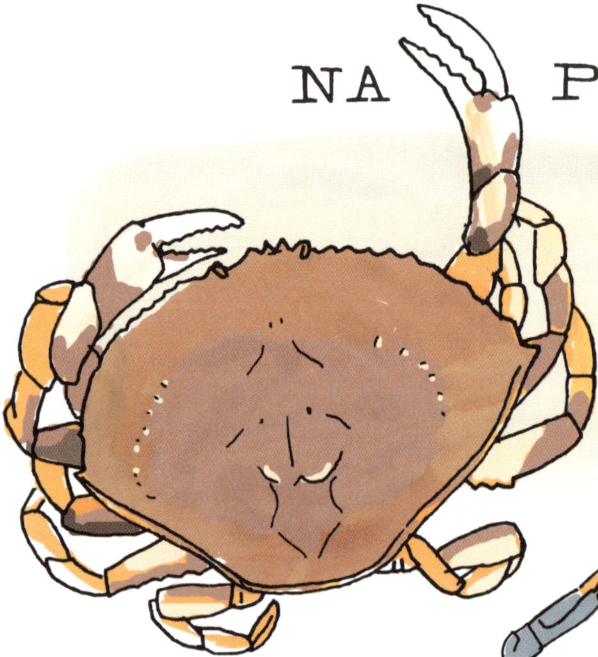

KIESZENIEC MAGISTER

Dzięki feromonom samcowi udaje się zlokalizować samicę, następnie przyczepia się do niej na kilka dni przed kopulacją.

KALINEK BŁĘKITNY

Samice kopulują tylko raz w życiu, przechowując spermę, która posłuży zapłodnieniu w kilku kolejnych cyklach; w każdym będzie do dwóch milionów jaj.

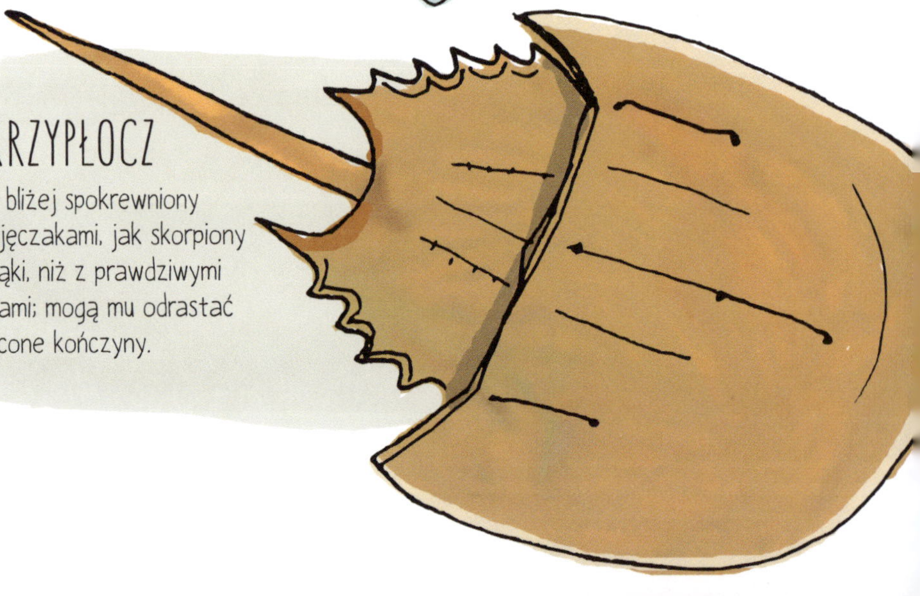

SKRZYPŁOCZ

Jest bliżej spokrewniony z pajęczakami, jak skorpiony i pająki, niż z prawdziwymi krabami; mogą mu odrastać utracone kończyny.

MAŁŻE

Przytwierdzają się do podwodnych skał mocnym bisiorem. Te kleiste nici są badane z myślą o wykorzystaniu ich w chirurgii i przemyśle.

PUSTELNIK

Rosnąc, musi znajdować większe muszle i często wybiera muszlę po większym pustelniku, który ją zwolnił, szukając kolejnej.

PANOPEA GENEROSA

Największy zakopujący się małż na świecie, który może mieć prawie metr długości i ważyć prawie kilogram. Może żyć setki lat.

OSTRYGA

Jest wiele różnych gatunków ostryg, tylko niektóre produkują perły mające wartość komercyjną.

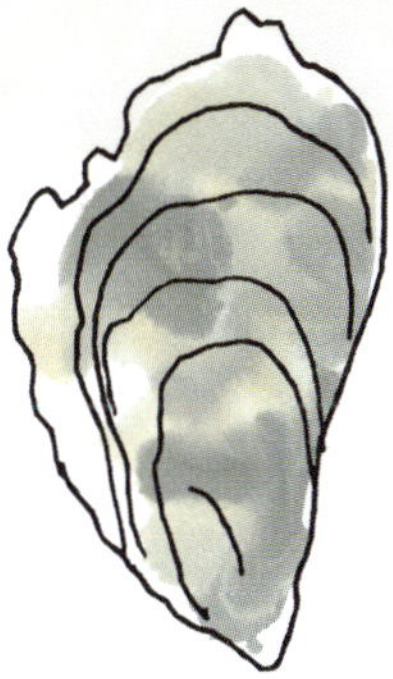

KAPSUŁA JAJOWA PŁASZCZKI

Często jest wyrzucana na brzeg, po tym jak wykluje się z niej ryba.

MUSZLE NA PLAŻY

ANTALIS ANTILLARIS
LOBATUS RANINUS
TURBONILLA
TELLINA LINEATA
MARGARITES STRIATUS
EROSARIA ACICULARIS
OSTRYŻYCA JAPOŃSKA
ISCHADIUM RECURVUM
LOTTIA PERSONA
TRACHYCARDIUM MURICATUM
MAŁŻ NOŻENIEC

TROCHĘ WODOROSTÓW

WIELKOMORSZCZ GRUSZKONOŚNY

Może rosnąć nawet 60 cm w ciągu dnia aż do momentu, gdy osiągnie 30 m długości.

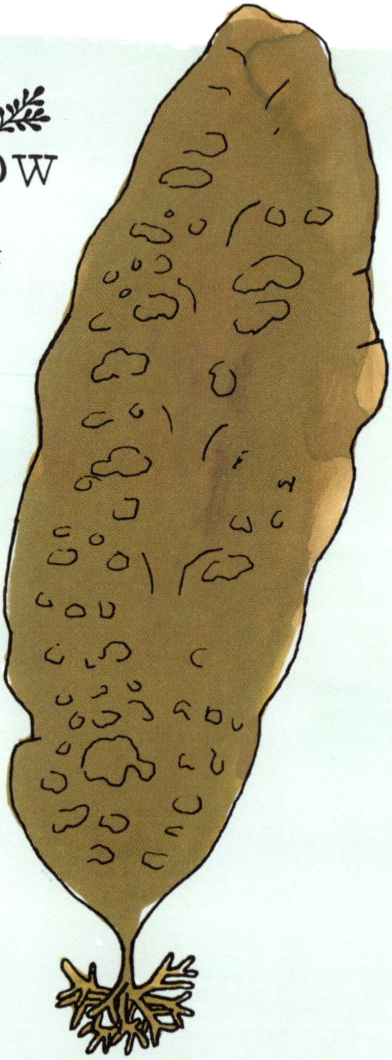

LISTOWNICA CUKROWA

Preferuje siedliska chronione przed falami.

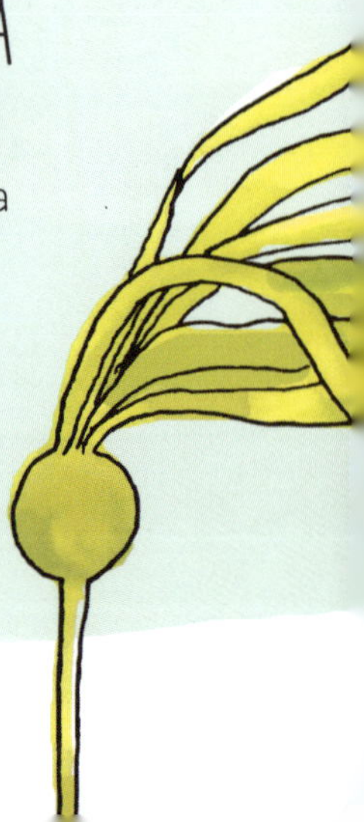

RODYMENIA PALCZASTA

Występuje powszechnie przy linii brzegowej Oceanu Atlantyckiego; pożywna, czasami używana w przepisach zamiast wzmacniaczy smaku, takich jak glutaminian sodu.

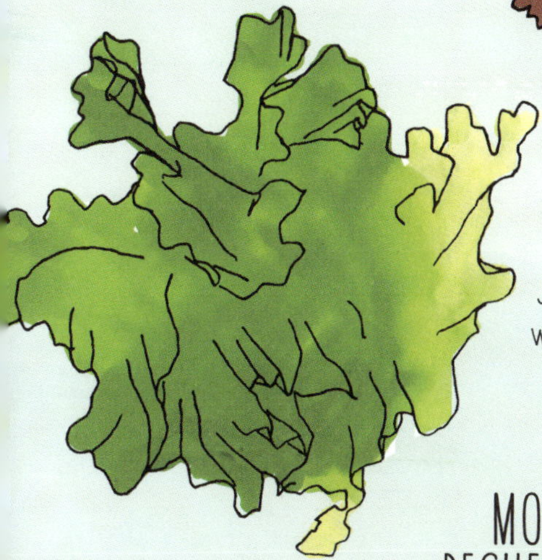

SAŁATA MORSKA

Jadalna, bogata w białko i żelazo.

MORSZCZYN PĘCHERZYKOWATY

W przeszłości było to ważne źródło jodu.

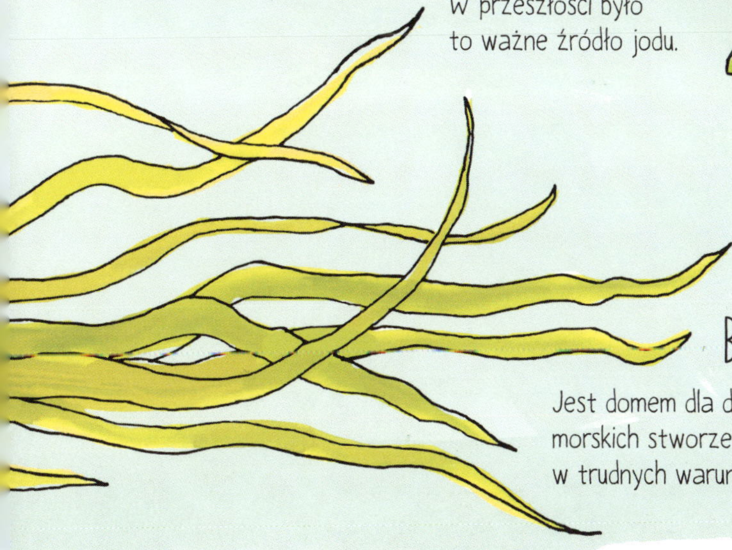

BANIOPIEŃ

Jest domem dla dziesiątek gatunków morskich stworzeń, świetnie radzi sobie w trudnych warunkach wód przybrzeżnych.

ZBIERANIE, PRZETWARZANIE I JEDZENIE WODOROSTÓW

Wodorosty to tzw. superżywność (ang. superfood). Zawierają wapń, potas, witaminy A i C oraz są bogate w dobroczynny jod. W niektórych miejscach zbieranie wodorostów jest prawnie ograniczone w określonych porach roku i może wymagać zezwolenia lub licencji. Należy dowiedzieć się, jak dobrze rozpoznawać przydatne gatunki, i zbierać je tylko z miejsc, gdzie jest czysta woda.

Zbieranie wodorostów jest o wiele łatwiejsze podczas odpływu. Można to sprawdzić na oficjalnych tabelach pływów w swojej okolicy.

Mocnymi nożycami odetnij kilka liści wodorostów od każdej głównej łodygi, nie wyciągając całej rośliny z miejsca, w którym rośnie. Zbieraj tylko rosnące wodorosty, unikaj wodorostów, które zostały wyrzucone na brzeg, ponieważ ciężko jest stwierdzić, od jak dawna tam leżą (za to stare wodorosty nadadzą się świetnie jako dodatek wzbogacający glebę w ogródku warzywnym lub kwiatowym).

Susz wodorosty przez kilka godzin na pełnym słońcu, na czystej, płaskiej powierzchni. Dobrze sprawdzą się też dehydratory do żywności. Przechowuj w hermetycznych słojach lub torebkach.

Świeże wodorosty świetnie smakują z ogórkami, ziarnami sezamu i octem ryżowym. Suszone wodorosty można dodawać do zup, sałatek, a nawet bakalii i innych przekąsek.

Maseczka na twarz z wodorostów

4 LIŚCIE SUSZONYCH LISTOWNICOWCÓW (KELP)
CIEPŁA WODA
1 ŁYŻKA STOŁOWA ŻELU ALOESOWEGO
1/4 DOJRZAŁEGO BANANA

Utrzyj liście wodorostów na drobny proszek za pomocą moździerza i tłuczka lub młynka do kawy. Widelcem wymieszaj w miseczce jedną łyżkę stołową proszku z wodorostów, trochę ciepłej wody i jedną łyżkę stołową żelu aloesowego. Dodaj miękkiego banana i rozgnieć widelcem. Dolewaj ciepłą wodę aż do uzyskania gładkiej konsystencji.

Nałóż cienką warstwę maski na twarz i relaksuj się przez 15–20 minut. Spłucz ciepłą wodą. Możesz stosować tę naturalną maseczkę do twarzy co tydzień w ramach regularnej pielęgnacji skóry.

KILKA SŁÓW O OCHRONIE PRZYRODY

Wszystkie elementy świata przyrody są ze sobą mocno połączone. Drobna zmiana w jakiejkolwiek części ekosystemu może mieć znaczący wpływ na zdrowie i bioróżnorodność całego obszaru.

Mimo że natura jest bardzo wytrzymała i świetnie się przystosowuje, nie ulega wątpliwości, że żyjemy w okresie powszechnego wymierania gatunków. Większość naturalnych siedlisk jest zagrożona przez działalność ludzką. Ochrona obszarów lasów pierwotnych, oceanów, terenów podmokłych i stepów ma kluczowe znaczenie dla przetrwania gatunków zagrożonych i przyszłego dobrostanu naszej planety.

Twoje osobiste zaangażowanie w ochronę dzikich obszarów i ograniczenie nadmiernej konsumpcji może wiele zmienić. Pomagaj chronić bioróżnorodność Ziemi, dowiedz się więcej w lokalnych organizacjach zajmujących się ochroną przyrody lub na stronach Klubu Gaja, Fundacji Nasza Ziemia, Stowarzyszenia Pracownia na rzecz Wszystkich Istot oraz Ligi Ochrony Przyrody.

Niezależnie od tego, gdzie żyjesz, podchodź do przyrody w sposób świadomy.

Przypisy

1 Discosphaera tubifera – organizm z grupy glonów (haptofitów). [s. 21]

2 Petroglify to wyryte w skale rysunki i malowidła wykonane przez ludzi żyjących zazwyczaj w prehistorycznych czasach. W kanionie Nine Mile znajduje się ponad 10 000 takich pamiątek i jest to największe ich skupisko w Ameryce Północnej. Wykonali je, żyjący tam ponad 1000 lat temu, Indianie. [s. 22]

3 Lakolit, inaczej sill, powstaje, gdy magma wciska się między warstwy skał i zastyga, tworząc charakterystyczne wybrzuszenia. Warstwy skalne są nienaruszone, a jedynie przesunięte. Największym lakolitem na świecie są Góry Chibiny w Rosji. W Polsce można zobaczyć lakolity w Górach Wałbrzyskich. [s. 29]

4 Dajka powstaje, gdy magma przebija warstwy skalne i zastyga niezgodnie z ich pierwotnym układem. [s. 29]

5 Ułożenie żyłek jest na tyle charakterystyczne i unikalne, że na jego podstawie klasyfikujemy owady do poszczególnych jednostek systematycznych. [s. 71]

6 Mimo że jest to roślina jadalna, może być trująca, kiedy jest spożywana w nadmiarze, szczególnie starsze okazy. [s. 84]

7 Pasikoniki często są mylone ze świerszczami i konikami polnymi, choć są to zupełnie inne gatunki owadów. [s. 89]

8 Skorpiony, podobnie jak owady, są stawonogami, ale należą do odrębnej gromady pajęczaków. [s. 90]

9 Została sprowadzona do Europy z Ameryki Północnej w XVII wieku, po czym bardzo się rozprzestrzeniła. Jest obecnie uważana za jeden z najbardziej inwazyjnych gatunków w Europie Środkowej. [s. 108]

10 Pochodzi z Ameryki Północnej, ale zadomowiła się na większości lądów świata, także w Polsce, gdzie jest bardzo popularna. [s. 111]

11 U paprotników łodyga jest bardzo zmodyfikowana. Stała się ona organem podziemnym, dzięki temu ta delikatna roślina może przetrwać okresy zimy lub suszy. [s. 118]

12 W Polsce ten grzyb jest uważany za niejadalny. [s. 125]

13 Dżdżownice wykorzystują bardzo małą część substancji zawartej w zjadanej glebie, większość wydalają w postaci specyficznych odchodów, zwanych koprolitem. [s. 127]

14 W Polsce występuje świstak tatrzański (podgatunek świstaka alpejskiego), jest on

uznawany za gatunek skrajnie zagrożony wyginięciem. [s. 132]

15 Szopy pracze pochodzą z Ameryki Północnej i Środkowej. Do Europy zostały sprowadzone jako zwierzęta futerkowe. Obecnie na terenie Europy dziko żyjące szopy można zobaczyć, np. w Niemczech, gdzie jest ich najwięcej. W Polsce najliczniej występują w zachodniej części kraju. [s. 132]

16 Grzebacze występują w Ameryce Północnej i Azji. W Polsce bardzo pospolitym gatunkiem jest kret europejski (Talpa europaea). [s. 133]

17 W Polsce występuje 26 gatunków nietoperzy. Do najliczniejszych można zaliczyć: mroczka późnego, borowca wielkiego, gacka brunatnego i nocka rudego. [s. 135]

18 W Polsce występuje wiewiórka pospolita. [s. 136]

19 Na południu Polski można spotkać niedźwiedzia brunatnego, który jest bliskim krewnym niedźwiedzia grizli (są to dwa podgatunki tego samego gatunku Ursus arctos). [s. 139]

20 W Polsce występują dwa gatunki dzikich kotowatych: ryś euroazjatycki i żbik europejski. Oba gatunki są bardzo rzadkie i podlegają ochronie. [s. 144]

21 Angielskie słowo „to bob" oznacza obciąć na krótko, „bob" oznacza też przycięty koński ogon. [s. 144]

22 W Polsce występują trzy gatunki dzikich psowatych: wilk szary, lis rudy i jenot azjatycki. [s. 145]

23 W Polsce żyją cztery gatunki jeleniowatych: jeleń szlachetny, łoś, daniel i sarna. [s. 146]

24 Nazywany też „norką amerykańską", jest rodzimym gatunkiem Ameryki Północnej, do Europy został sprowadzony jako zwierzę futerkowe, a następnie wypuszczony na wolność – dołączył do dzikiej fauny europejskiej. Uważa się go za gatunek inwazyjny. [s. 149]

25 Jedynym gatunkiem żółwia występującego naturalnie w Polsce jest żółw błotny. [s. 153]

26 Angielskie słowo „snowshoe" oznacza rakietę śnieżną. [s. 154]

27 W Polsce żyje bliski krewny bizona amerykańskiego – żubr europejski. [s. 155]

28 Z elektrowni kanałami jest spuszczana ciepła woda (w ramach systemu chłodzenia), wtedy w miejscach, gdzie kanały są połączone z akwenami, zbierają się manaty. [s. 157]

29 W Polsce występuje ptak należący do tego samego rodzaju – kowalik zwyczajny. [s. 165]

30 Toki to zachowania lęgowe ptaków, czyli ptasie zaloty. [s. 165]

31 Reintrodukcja oznacza ponowne wprowadzenie na pierwotne miejsca bytowania rodzimych gatunków roślin i zwierząt, dawniej tam żyjących i następnie wytępionych. W Polsce z sukcesem przeprowadzono reintrodukcję żubra. [s. 184]

W serii ukazała się:

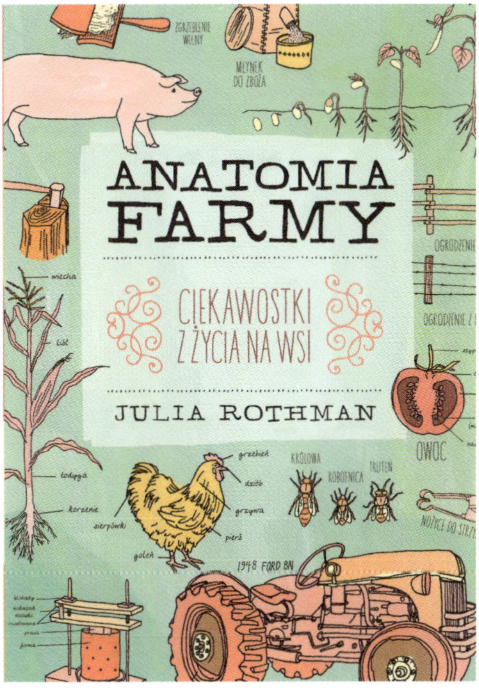

Ciekawostki o życiu na wsi w zajmującym i pouczającym ilustrowanym przewodniku po farmie autorstwa Julii Rothman. Jej rysunki, diagramy, przedstawione krok po kroku czynności i przekroje pomogą zrozumieć wszystko - od budowy dojarki, przez anatomię konia, po naukę orki i strzyżenia owiec. Zachwycające, jak wiele jest do odkrycia!